Maggie Mutig

und das Geheimnis der Holztruhe

Bibliografische Information der Deutschen Nationalbibliothek:
Die Deutsche Nationalbibliothek verzeichnet diese Publikation in der Deutschen Nationalbibliografie; detaillierte bibliografische Daten sind im Internet über http://dnb.dnb.de abrufbar.

2. Auflage
Lektorat: Daniela Siemen
Illustrationen/Covergestaltung: Sabine Marie Körfgen
Text: Nicole Elara Herbst
Buchsatz: Sabine Marie Körfgen
Avatar: Ylvie Wolf

Verlag: BoD · Books on Demand GmbH, Überseering 33, 22297 Hamburg, bod@bod.de
Druck: Libri Plureos GmbH, Friedensallee 273, 22763 Hamburg

ISBN: 978-3-8192-4415-5

Nicole Elara Herbst

Maggie Mutig

und das Geheimnis der Holztruhe

Für meinen kleinen Piraten,
den besten Steuermann und Schiffsbauer
aller sieben Weltmeere.

Für meine Familie.

Ein großes Dankeschön geht an Daniela,
die Wortakrobatin, die mein Werk in einen geschliffe-
nen Diamanten verwandelt hat.

Für Victoria, meine Testleserin und Freundin, mit der ich
die dunkelsten Stunden der königlich-kaufmännischen
Weiterbildung überstanden habe.

Inhalt

Kapitel 1

Pyjamaparty im Hause Mutig

«Mädchen sind Angsthasen», forderte Felix seine beste Freundin heraus.

«Sind wir gar nicht», konterte Maggie. «Und du bist ein Zwerg», zog sie ihn auf. Maggie war für eine Achtjährige recht groß und überragte ihren Freund um einen Kopf. Sogar einen ganzen.

«Du bist doof», antwortete Felix diesmal kleinlauter.

«Du auch, und jetzt gute Nacht.»

Der Lockenkopf gähnte ihrem Freund was vor.

«Gute Nacht», brummte Felix.

Die beiden schliefen friedlich. Ja, bis die Turmglocke zur Geisterstunde schlug.

Bim, bam. Bim, bam.

Beim letzten Bam schreckte Felix hoch. «D... du ... Maggie, bist du wach?»

«Neee, bin ich nicht», nuschelte Maggie.

«Hast du das gehört?», fragte Felix zähneklappernd.

Knack. Rums. Quietsch.

«Hab ich», flüsterte Maggie. «Das Geräusch kommt vom Dachboden.»

«D... Dachboden. Gruselig. Wecken wir deine Eltern!»

«Ne, meine Eltern schlafen wie Steine. Die bekommen wir nicht wach. Wir schauen selbst nach.» Maggie sprang aus dem Bett und kramte in ihrem Nachtkästchen und zog aus der obersten Schublade zwei Taschenlampen. Eine davon drückte sie Felix in die Hand.

Jetzt fehlte nur noch eine Sache. Maggie griff nach der roten Umhängetasche, die immer in der Nähe ihres Bettes lag. Gepackt für einen Notfall. Und das war ein besonders gruseliger Notfall.

«Brauchst du die Tasche wirklich?»

«Na klar, das ist meine Abenteuertasche», bestätigte Maggie.

«Und was ist da drin?»

«Ein Kamm, eine Nähnadel, ein Stift, zwei Nägel, ein Hämmerchen, ein Stück Wolle, Gummibärchen für den kleinen Hunger und natürlich Pflaster.»

«Ein Kamm? Fehlt noch dein Nagellack?», zog Felix sie auf.

«Haha, sehr witzig. Wozu sollte man Nagellack auf ein Abenteuer mitnehmen?»

«Also, wozu brauchen wir das alles?», wollte Felix wissen.

«Für jedes Abenteuer braucht man seine Ausrüstung. Komm los, wir gehen», sagte Maggie und schob den bibbernden Jungen aus der Kinderzimmertür.

Das Licht im Flur blieb aus, denn falls die Eltern doch wach werden sollten, wollten sie nicht gleich entdeckt werden. Die Holztreppe zum Speicher befand sich wenige Meter vom Kinderzimmer entfernt. Leise schlichen sie im Lichtkegel der Taschenlampen die Treppe hinauf. Maggie drückte die Türklinke nach unten, und die alte Tür öffnete sich erstaunlich geräuschlos. In der Mitte des Dachbodens stand eine Holztruhe mit Eisenbeschlägen, deren Deckel offenstand. Maggie steuerte direkt auf die Truhe zu. «Merkwürdig.»

«Was ist daran merkwürdig?», fragte Felix dicht bei Maggie.

«Mama und Papa haben jeden Schlüssel ausprobiert, den sie finden konnten. Doch das Schloss blieb verschlossen. Die Kiste hat mal Uropa gehört, und keiner weiß, wo der Schlüssel ist. Und jetzt steht sie offen, einfach so», erklärte Maggie.

Das Licht der Taschenlampen begann zu flackern. Und plötzlich war alles dunkel. Doch bevor die Kinder darauf reagieren konnten, flogen leuchtende Sterne und Funken aus der Truhe. Fast wie ein Feuerwerk in allen Farben. Gelb ... blau ... lila ... pink. Das Sternengewirr formte einen Strudel und zog Maggie und Felix mit sich in die Kiste hinein.

Sie fielen am vollen Mond vorbei, durch die Wolken, vorbei an Bäumen und landeten sanft in weichem Gras.

«Bist du in Ordnung, Felix?»

Der Junge tastete seine Arme und Beine ab. Alles noch dran. «Ja, und du?»

«Bei mir auch. Wow, was war das? Und wo sind wir?»

Die Freunde sahen sich um. Das Mondlicht erleuchtete die Umgebung. Neben ihnen ragten die hohen Mauern einer Burg auf. Die Fenster waren nachtschwarz. Doch dann flirrte ein weißer Schimmer vorbei. Und es erklang ein *Buuhh, krrrr, Rauschen*.

Maggie und Felix sahen sich an. Das weiße Ding flog auf sie zu. Die Kinder nahmen ihre Beine sprichwörtlich in die Hand und rannten los. Nur schnell weg.

Vor ihnen war die Zugbrücke heruntergelassen, und sie hetzten durch das hochgezogene Tor.

Im Augenwinkel entdeckte Maggie ein Schild,

auf dem stand: Schloss Geisterstunde. Sie rannten weiter in den Innenhof. Die Kinder versteckten sich hinter einem Karren mit Stroh.

Völlig außer Atem stellte Felix die wichtigste Frage: «War das ein Geist?»

Wie zur Antwort ertönte wieder das Buuhh, krrrr, Rauschen.

«Ich finde, der Geist klingt eher wie ein rauschendes Radio», stellte Maggie verdutzt fest. «Hör doch mal.»

Buuhh, krrrr, Rauschen.

«Du hast recht», bestätigte Felix.

«Irgendetwas stimmt mit dem Gespenst nicht. Komm, wir schauen uns das genauer an», schlug Maggie vor.

«W… Was? Ich will nicht. Ich traue mich nicht», entgegnete Felix.

Maggie nahm ihren Freund bei der Hand. «Wir beide sind doch echte Abenteurer. Es ist okay, Angst zu haben, aber wir sind Freunde und wir schaffen das zusammen.»

«Danke, Maggie», sagte Felix, und beide verließen Hand in Hand das Versteck.

Das flirrende weiße Gespenst sauste auf die Kinder zu.

«Halt!», brüllte Maggie. «Warum klingst du nicht wie ein normaler Geist?»

Und das Gespenst hielt unverzüglich an und schwebte vor den Kindern. «Habt ihr gar keine Angst vor mir?»

«Ein bisschen schon», gab Maggie zu, «aber du hörst dich irgendwie traurig an.»

«Ihr könnt das hören?» Das Gespenst brach in Tränen aus - also wenn es noch weinen könnte. Es war eher ein Schluchzen. «Die anderen Gespenster sagen auch, dass ich nicht gruselig bin.»

«Woran liegt das?», fragte Felix die Mitternachtsgestalt.

Das Gespenst zeigte auf sein Gewand, das voller Löcher war. «Deshalb das Rauschen, die Luft zieht durch die Löcher.»

«Kann man das nicht reparieren?», hakte Maggie nach.

«Doch, das geht. Aber ich kann nicht nähen. Und ich brauche einen besonderen Faden. Eine Spinne namens Geisterfadenweberin spinnt ihre Netze daraus.»

Maggie durchsuchte ihre Abenteuertasche. Sie wurde fündig. Wie einen Pokal hielt sie ihre Nähnadel in die Höhe. «Ich kann dir die Löcher flicken. Wo finde ich diese Fadenweberin?»

«In jeder finsteren Ecke wirst du eine finden. Aber sie trennt sich nur ungern von ihren Fäden.»

Die drei liefen, ähm, schwebten zur Festungsmauer. Da hockte in einer Ecke die Gespensterfadenweberin in ihrem prächtigen Netz. Die Fäden schimmerten silbrig im Mondlicht.

«Hallo Frau Spinne, ich wünsche Ihnen einen schönen Abend», sprach Maggie die Spinnendame an.

«Danke, kleines Mädchen, ich wünsche euch auch einen schönen Abend. Aber, ehrlich gesagt, mich fröstelt es bei Vollmond immer. Ich würde mir gerne einen Schal stricken, denn Stricken und Weben ist mein Element, müsst ihr wissen. Doch mein Faden ist ungeeignet, er sieht nett aus, warm ist er aber nicht», klagte die Gespensterfadenweberin.

Das Mädchen zeigte der Spinne ihren Arm und sagte: «Da haben Sie recht, diese Nacht ist wirklich frisch. Ich habe auch schon Gänsehaut, sehen Sie?» Da hatte Maggie die zündende Idee. Sie kramte erneut in ihrer Tasche und zog die Wolle heraus. «Frau Spinne, würden Sie Ihr Netz für kuschelige Wolle eintauschen? Unserem Freund, dem Gespenst, würde es sehr helfen. Der Arme ist ganz traurig wegen seiner Löcher.»

Die Gespensterfadenweberin krabbelte sofort aus ihrem Netz und jubelte vor Freude: «Kleines

Mädchen, mit der Wolle erfüllst du mir einen Traum, danke schön!» Die Spinne wickelte ihr Netz zu einem silbrigen Garn und übergab es dem Mädchen. Dann hockte sie sich wieder in die Ecke und strickte mit ihren klappernden Nadeln den Schal.

«Das war ein spitzen Einfall», lobte Felix seine Freundin. «Ich sage nie wieder etwas über deine Abenteuertasche.»

Maggie fädelte das Garn durch das Nadelöhr ihrer Nähnadel. Das Gespenst schwebte herab und setzte sich, so gut es eben ging, auf die Wurzel eines riesigen Baumes. Mit gekonnten Stichen vernähte das Mädchen jedes einzelne Loch.

«So, fertig. Komm, probier es aus, ob die Nähte halten», ermunterte Maggie das Gespenst.

Es schoss hoch in die sternenklare Nacht, vollführte einen Freudenlooping nach dem anderen und schwebte wieder zu seinen neuen Freunden hinunter. Und man hörte nichts. Kein Kreischen. Kein Rauschen. Nur wenn es jemanden erschrecken wollte, hörte man ein Buuhh. Aber das Buuhh war natürlich nur zum Testen. Diese Kinder würde es nicht mehr erschrecken. «Danke, Maggie und Felix, dass ihr mir geholfen habt. Jetzt kann ich wieder durch die Nacht spuken. Ich hoffe, wir sehen uns bald wieder», sprach das Gespenst und verschwand.

Die Kinder sahen dem Gespenst nach, bis selbst das weiße Flirren, nicht mehr zu erkennen war.

Wie zuvor auf dem Dachboden ergriff plötzlich der Strudel aus Sternen und Funken die Kinder, und bevor sie wieder verstanden, was geschah, landeten sie zu Hause auf dem Speicher vor der Holztruhe.

Zurück im Kinderzimmer ergriff Felix das Wort: «Maggie, du bist kein Angsthase. Du bist das mutigste Mädchen, das ich kenne! Danke, dass du mir geholfen hast. Es ist in Ordnung, Angst zu haben und es war schön, dass wir zusammen mutig waren.»

«Nur zusammen haben wir unser Abenteuer geschafft», bestätigte Maggie.

«Ich freue mich jetzt schon auf die nächste Pyjamaparty. Meinst du, dass wir dann auch wieder auf den Dachboden gehen sollten?», fragte Felix hoffnungsvoll.

«Sollten wir», antwortete sie. «Aber jetzt schlafen wir erst einmal. Gute Nacht, Felix.»,

Die Kinder kuschelten sich in ihre Decken, schlossen die Augen und schliefen kurz darauf ein.

Wissensrunde zu Kapitel 1

Lieber Abenteurer, liebe Abenteurerin,
jetzt bist du dran:

Felix hat leider vergessen, was Maggie alles in ihre
Abenteuertasche gepackt hat. Kannst du ihm
helfen? Weißt du noch drei Gegenstände?

....

Maggie lernt gerne neue Dinge dazu. Was würdest
du in deine Abenteuertasche packen?

....

....

Hast du schon mal eine Burg gemalt?
Dann male doch eine für Maggie.

Kapitel 2

Steckbrief
Maggie Mutig

Wer ist Maggie Mutig überhaupt? Was ist ihr Lieblingsessen und welche Hobbys hat sie? Das alles und vieles mehr erfährst du hier.

Vorname: Maggie
Nachname: Mutig
Alter: 8 Jahre
Lieblingstier: Katzen. Maggie hat zwei Katzen, ihre Namen sind Luna und Jacky.
Lieblingsfarbe: rot

Lieblingsbücher: Abenteuergeschichten aller Art von A bis Z, am liebsten mag Maggie G wie Gespenster, H wie Hexen und P wie Piraten. Die Aufzählung all ihrer allerliebsten Bücher würde mehrere Seiten in Anspruch nehmen, wenn nicht noch mehr.

Lieblingsessen: Schinkenpizza, Spaghetti, Brezeln und Kuchen

Wenn Maggie groß ist, wird sie: Archäologin Verschwundene Schätze und alte Relikte aufzuspüren, wäre ihr größter Traum.

Das mag sie überhaupt nicht:
Gepunktete Socken.

Maggies Lieblingsbeschäftigungen:
lesen, backen, malen, Pyjamapartys, und auf den Spielplatz, ins Schwimmbad und in die Bücherei gehen.

Kapitel 3

Piraten, ahoi!

«Aye, Piraten, yo, ho. Setzt die Segel! Macht die Kanonen bereit! Na Felix, wie findest du mein neues Seeräuberbuch? Ferne Länder, gefährliche Piraten, verborgene Schätze, da ist alles dabei. Vor allem passt es gut zu dem, was ich auf dem Dachboden gefunden habe», plapperte Maggie ohne Punkt und Komma. Erst jetzt bemerkte sie, dass Felix nicht bei der Sache war. Schweigsam hockte er vor dem Bett und schlüpfte in seinen Schlafanzug.

«Hey Felix, was ist los? Gefällt dir mein Buch nicht? Sonst bist du doch Feuer und Flamme bei Freibeuterabenteuern?»

«Doch, schon», antwortete Felix knapp.

«Ich höre da ein großes ABER heraus!»

«Kein Aber, aber ich möchte auch nicht darüber reden. Und, was war deine Entdeckung?»,lenkte Felix prompt vom Thema ab.

Irritiert betrachtete Maggie ihren Freund. Doch sie wollte ihn auch nicht drängen, über sein Problem zu sprechen. Also hängte sie sich kopfüber vom Bett herunter und zog eine staubige Schachtel hervor. «Die habe ich neben der geheimnisvollen Holztruhe gefunden.» Der Deckel flog im hohen Bogen auf den Teppichboden. Eine Wolke aus feinen Staubkörnchen schwirrten um her.

«Hatschi, hatschi», nieste Felix.

«Gesundheit», sagte Maggie und griff in die Pappbox. «Und? Ist das nicht genial?»

«Wahnsinn, Maggie! Das ist ja, das ist ja, ein waschechtes Segelschiff in einer Flasche! Mit schwarzen Segeln, winzigen Kanonen, und da ist ein Steuerrad!», sprudelte es aus Felix heraus. Sein Problem war in diesem Moment vergessen.

«Und da am Mast, die Fahne.» Maggie drückte ihren Finger an die Flasche.

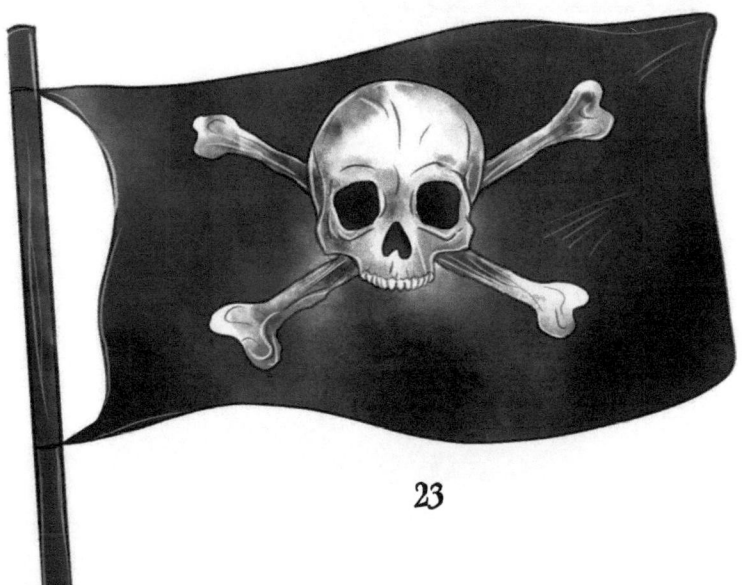

«Eine Totenkopfflagge! Wow, das ist ein Mini-Piratenschiff!», jubelte Felix.

«Heute Nacht ist wieder Vollmond, vielleicht wartet ein neues Abenteuer auf uns. Also lass uns schlafen», schlug Maggie vor.

In den nächsten Stunden schlummerten die beiden friedlich.

Ja, bis eine Glocke läutete. Eine Schiffsglocke. Sie bimmelte aufgeregt: *bim, bim, bim.* Es klang, als würden Wellen toben und die Gischt zischen. Der Wind heulte. Die Flasche glühte. Und die beiden Kinder waren schlagartig hellwach und sprangen aus dem Bett.

«War das eine Glocke?», rätselte Felix.

«Es klang nach dem Signalgeläute eines Schiffes», befand Maggie. «Wie in der einen Fernsehserie.»

Knack. Rums. Quietsch.

Die Piraten-Schiff-Flasche glimmerte silbern.

«Felix? Hast du das gehört?! Nichts wie rauf auf den Dachboden!»

«Aye, Piratin! Auf ins Abenteuer!»

Schneller, als ein Pirat in den Ausguck klettert, waren die beiden angezogen.

Aus der Nachttischschublade holte Maggie zwei Taschenlampen, die eine überreichte sie Felix. Zuletzt schnappte sie sich die rote Abenteuertasche und steckte die glühende Flasche ein.

«Was hast du dieses Mal dabei?», wollte Felix wissen.

Und Maggie zählte auf: «Ein Brillenputztuch, Schokolade, drei Wattestäbchen, Stifte, Papier, Taschentücher und ein Kamm sind drin.»

«Ich frage lieber nicht, wofür wir die Ohrenstäbchen brauchen», grinste Felix seine Freundin an.

«Man weiß ja nie. Und ich möchte auf jeden Notfall vorbereitet sein», bekräftigte Maggie.

Die Abenteurer tippelten aus dem Kinderzimmer in den dunklen Flur. Im Haus hätten Maggie und Felix eine Stecknadel auf den Boden fallen hören, so still war es. Mucksmäuschenstill schlichen die beiden im Schein ihrer Taschenlampen die Holztreppe zum Speicher hinauf und blieben vor der Dachbodentür stehen.

Maggie sah ihren Freund ernst an. «Bist du bereit, Felix?»

Zustimmendes Nicken von Felix.

Da nickte Maggie zurück und drückte die Türklinke herunter.

Geräuschlos schwang die Tür auf. Maggie leuchtete hinein.

Mitten auf dem Dachboden stand sie. Die Holztruhe.

Die Kinder traten mutig näher an die Truhe heran. Schritt für Schritt. Das Taschenlampenlicht flackerte. An. Aus. An. Aus. Das war auch beim letzten Abenteuer passiert.

Der Deckel der Truhe sprang auf, Sterne und Funken in gelb, blau, rot, grün bahnten sich ihren Weg ins Freie. Das Sterne-Funken-Gewirr formte einen Strudel, der die beiden mit sich in die Kiste nahm.

Maggie und Felix segelten durch die Sternchen und leuchtenden Funken, breiteten ihre Arme aus und drehten sich im Kreis. Immer tiefer. Vorbei am Mond und an Drachenwolken. Ein Geruch von Salzwasser zog in ihre Nasen. Möwen krächzten, es rauschte, Wellen bauten sich auf und ebbten wieder ab. Die Gischt zerschellte an den Felsen und spritze weit in die Luft hinauf.

«Warum ist unter uns das Meer?!», kreischte Felix panisch.

«Keine Ahnung, wohin die Truhe uns führt!»

Da nahm der Wind Fahrt auf und trug die Kinder weiter hinaus auf den Ozean. Unter ihnen nur die offene See. Fliegende Fische sprangen aus den Wellen und tauchten gleich wieder in das vom Mond versilberte Wasser hinab. Die beiden flogen weiter und weiter.

«Maggie!, Schau, da am Horizont!»

«Ich sehe es! Ein Schiff! Mit schwarzen Segeln und einer Fahne, die am Mast weht. Sie ist genauso schwarz wie Ruß, mit einem weißen Totenkopf und zwei gekreuzten Knochen darauf!»

«Piraten!», brüllte Felix.

«Das Schiff aus der Flasche!», rief Maggie zurück.

Als würde das flinke Lüftchen Maggie verstehen, blies es die Zwei direkt auf das Schiffsdeck. Mit einem Rums kamen sie auf.

Der Mann am Steuerrad bemerkte die beiden und brüllte: «Arrgh, wo kommen die Landratten so plötzlich her?». Er wartete nicht auf eine Antwort, sondern stürmte auf die Kinder zu. Na gut, nicht ganz so schnell, aber so flink es ihm seine Möglichkeiten erlaubten. Der Mann besaß lediglich ein Bein, und an der Stelle, wo das zweite sein sollte, war ein Schrubber angebracht. *Klack, bum-sch, klack, bum-sch* schrubbte er über den Boden. «Also, wer seid ihr?», stellte er die beiden zur Rede.

«Ich bin Maggie», antwortete sie mit fester Stimme, reiche Felix die Hand und zog ihn auf die Beine.

«Und ich bin Felix, Maggies bester Freund.»

«Wir sind Abenteurer, und eine Zauberholztruhe hat uns hierhergebracht», legte Maggie nach.

«So, so, Maggie und Felix, Abenteurer also. Echte Abenteurer kann ich gut auf meinem Schiff gebrauchen.»

«Nun wissen Sie, wer wir sind. Dann stellen Sie sich bitte uns auch vor», forderte Maggie den Seebären auf.

Empört blickte der Pirat sie an. «Schaut mich doch an, dann erkennt ihr mich bestimmt», sprach er und lachte wie ein Brummbär. Der Seeräuber hatte einen schwarzen Hut auf dem Kopf, eine Brille, die man eigentlich bei einem Maulwurf vermuten würde, auf der Nase, und einen langen roten Bart im Gesicht.

Die Kinder musterten den Piraten und zuckten mit den Schultern. Mehr kam nicht.

Das hatte er nicht erwartet und verkündete mit tiefer Stimme: «Ich bin Bill Gold Schrubberbein. Kapitän Schrubberbein, um genau zu sein. Ich führe das Kommando über die Schwarze Möwe, das schönste, schnellste und natürlich das gefährlichste Piratenschiff aller Meere.»

«Freut uns, Sie kennenzulernen, Kapitän Schrubberbein. Wir haben noch nie einen echten Piraten gesehen.» Maggie reichte ihm zur Begrüßung die Hand.

Der Pirat wollte ebenfalls seine Hand reichen, doch er griff daneben. «Wo bist du genau, Mädchen?»

«Aber, Kapitän Schrubberbein, ich stehe doch gleich hier vor Ihnen.»

«Ach Unsinn, du standest gerade noch auf der anderen Seite», antwortete er ruppig.

«Sehen Sie nicht gut?», fragte Felix.

«Arr! Junge, soll ich meine Planke holen und du machst Bekanntschaft mit den Haien?! Meine Augen sind die eines Adlers!», stellte der Piratenkapitän klar.

«Ähm, Kapitän, wo ist eigentlich Ihre Piratenmannschaft?», lenkte Maggie vom Thema ab.

Da passierte etwas gänzlich Unerwartetes. Der raue Kapitän Schrubberbein begann zu schluchzen und vergoss bittere Piratentränen. Er schniefte in sein Piratentaschentuch und klagte endlich sein Elend: «Es ist gut, dass ihr auf der Schwarzen Möwe gelandet seid. Wie ihr seht, seht ihr niemanden außer mir. Ich habe keine Piratencrew, denn der Beruf des Piraten ist fast ausgestorben. Keiner will mehr auf einem Piratenschiff anheuern! Zu schlechte Bezahlung, zu wenig Urlaub, dann wollen sie vollen Beuteausgleich bei Krankheit. Da macht doch kein Piratenkapitän mit! Deshalb gibt es nur noch mich, Bill Gold Schrubberbein und meinen Freund Kapitän Eduardo - der Staubsauger - Augenklappe der Dritte. Sein Schiff trägt den klangvollen Namen Sturmadler. Doch Eduardo ist verschwunden.»

«Wie, verschwunden?», fragte Maggie.

«Was ist passiert?», erkundigte sich Felix.

«Alles begann damit, dass ich vor vielen Jahrzehnten, als es noch die Spelunke Zum goldenen Rumfass gab, beim Seeräuber-Ärgere-Dich-Nicht eine Schatzkarte gewonnen habe. Die Insel der verlorenen Schätze liegt in gefährlichen Gewässern. Man segelt gen Norden bis zum Drachenfelsen, die Strömungen, die sogenannten Drachenwirbel, bringen das Schiff bedrohlich nahe an die Klippen mit ihren messerscharfen Felsen heran, die jeden Rumpf aufreißen können. Als wäre das noch nicht gefährlich genug, erwartet einen als Nächstes das Nebeltor zum Nebelmeer. Die Nebelschwaden sind so dicht, dass man nicht einmal mehr die Hand vor Augen erkennen kann. Biegt man im Nebelmeer falsch ab, gibt es keine Wiederkehr. Zahllose Schiffe sind dort verschwunden. Man munkelt, es spukt und die Schiffswracks erheben sich vom kalten Meeresboden und führen tapfere Seeleute in den Untergang.»

«G... Geisterschiffe?», fragte Felix zähneklappernd.

Kapitän Schrubberbein nickte und fuhr mit seiner Erzählung ungerührt fort: «Es gibt eine Lösung, und zwar das Licht der roten Nebellaterne. Diese hält die Geister fern, und der Schein der Lampe lotst dich sicher durch das Nebelmeer. Überfährt das Schiff die Nebelgrenze, trennen einen nur noch wenige Seemeilen von der Insel der verlorenen Schätze.»

«Maggie! Schau dich mal um! Überall Nebel!», zischte Felix.

«Kapitän Schrubberbein?», fragte Maggie gedehnt. «Kann es sein, dass Ihr Schiff vor dem Nebeltor liegt?»

«Aye.»

«Kann es sein, dass Sie nicht im Besitz der roten Nebellampe sind?»

«Aye.»

«Wie ist Ihr Plan? Zurücksegeln zum Drachenfelsen geht ja nicht», stellte Maggie treffend fest.

«Aye, Mädchen. Und an der Stelle kommt mein guter Freund Kapitän Augenklappe ins Spiel. Eduardo hat auf der Spiegelinsel die rote Nebellaterne gefunden. Wir wollten uns hier am Nebeltor treffen und gemeinsam auf Schatzsuche gehen. Doch er tauchte nicht auf. Nur dieses Geisterschiff dort drüben wartete auf mich. Dieser heimtückische Geisterkapitän versucht, mich in die Irre zu führen. Diese Nebelgestalt spricht mit der Stimme meines Freundes. Doch ICH lasse mich nicht reinlegen.»

«Kapitän, würden Sie mir Ihr Fernrohr kurz ausleihen?», fragte Maggie. «Dieses Geisterschiff muss ich sehen!»

«Aye», antwortete er wieder knapp und reichte Maggie das Fernrohr.

Sie stellte das Fernrohr ein und las den Namen des Geisterschiffes laut und deutlich vor: «Sturmadler.»

«Sturmadler?», wiederholte Felix.

«Sturmadler?», fragte der Kapitän verdutzt.

«Aye, Kapitän, schaut doch mal.» Maggie gab das Fernrohr an Bill Gold zurück.

Der hielt es sich an seine dicke Maulwurfbrille. «Ich sehe nix! Da vorn, das ist doch eindeutig ein Geisterkapitän!» Dann stellte er sich an die Rehling und brummte in voller Lautstärke: «Arrgh! Du legst mich nicht rein, du Geist! Eduardo! Wo bist du nur?»

Maggie überlegte, warum der Piratenkapitän das andere Schiff für ein Geisterschiff hielt. Sie blickte erneut durch das Fernrohr und las erneut den Schiffsnamen Sturmadler. Auch der Kapitän dort machte keinen geisterhaften Eindruck. Kein bisschen. Auf seinem rechten Auge erkannte Maggie eine Augenklappe. Das musste Eduardo, der Staubsauger, Augenklappe der Dritte sein. Sie untersuchte die Linse, kein Kratzer, kein Staub, alles sauber.

Hmmm, dachte sie, und da fiel ihr Blick auf Bill Golds Maulwurfbrille. «Kapitän Schrubberbein, reichen Sie mir bitte mal Ihre Bille, ich muss da eine Theorie überprüfen.»

Bill Gold guckte verdutzt drein, aber gab der kleinen Abenteurerin seine dicke Brille.

«Aha, wusste ich es doch!», schrie Maggie jubelnd auf.

«Was hast du entdeckt?», wollte Felix sofort wissen.

«Arrgh, was heißt aha?», knurrte der Kapitän.

«Einen Moment», sagte Maggie und reichte Felix die Brille, denn sie brauchte beide Hände, um in ihrer Abenteuertasche zu wühlen. Stolz hielt sie ein Papierpäckchen mit einer Brille darauf in der Hand.

Sie riss es auf und mit dem winzigen Tuch putzte sie die Maulwurfbrille.

«Du bist genial, Maggie», lobte Felix seine Freundin.

Prüfend blickte Maggie nochmals durch die Brille, die wahrscheinlich noch nie sauberer gewesen war, und gab sie dem Freibeuter. «Setzen Sie die Brille auf, Kapitän Schrubberbein.»

Bill Gold setzte seine Mauwurfbrille auf und sagte erst mal gar nichts. Sprachlos schaute der Pirat sich um. Und dann auf einmal hüpfte und tanzte der vorher so brummige Kapitän fröhlich auf seinem Schiffsdeck und sang: «Aye, yo, ho, was bin ich froh, ich kann sehen, das kann ich nicht verstehen, aye, *yo, ho, yo.* Ich bin so froh *yoo, hoooooo.* Bill Gold werd ich genannt, der schlimmste Pirat im ganzen Land, doch sah ich die Schätze wohl nicht, Kummer und Scham quälten mich, doch zwei Abenteurer retteten mich, nun bin ich froh, yo, ho.» Nach dem Tänzchen brauchte der Kapitän eine kurze Pause. Und grübelte. «Bist du eine Zauberin? Ist meine Brille verzaubert? Oder gar ich?», fragte er verunsichert.

«Ganz und gar nicht», antwortete Maggie. «Mit meiner Abenteuertasche bin ich bestens auf jede unmögliche Situation vorbereitet. Ein Brillenputztuch war die Lösung.»

«Maggie hat einen Riecher für die richtige Abenteuerausrüstung», bestätigte Felix.

«So, so, ein Putztuch also», sagte Bill Gold anerkennend. Auf die Idee, die Brille zu putzen, ist er gar nicht gekommen. Dann nahm er das Fernrohr und lugte erneut hindurch. Und tatsächlich, es war das Schiff Sturmadler, selbst der Geist war kein Geringerer als sein Freund Eduardo. Kapitän Schrubberbein brüllte mit voller Kraft: «Arr! Eduardo, mein Freund, ich bin froh, dich zu sehen!»

Doch aus der Ferne schrie Kapitän Augenklappe mit wütender Stimme: «Bill Gold, ich bin kein Floh, was fällt dir ein, mich so zu nennen?! Du bist selber ein winziger Floh!»

«Wie Floh? Wie kommt Eduardo auf Flöhe?», bemerkte Kapitän Schrubberbein entgeistert und konterte: «Du nennst mich nicht Floh! Und schon gar nicht winzig! Eduardo, wir sind keine Freunde mehr!»

«Kapitän Schrubberbein, Felix und ich rudern mit dem Beiboot zu ihm rüber und fragen ihn, was los ist. Sie sollten nicht zu vorschnell urteilen», schlug Maggie vor.

Das Beiboot wurde zu Wasser gelassen. Platsch. Das Meer war ruhig, und es gab kaum Wellen, die ihre Überfahrt erschwerten. Nach einigen Minuten erreichten sie das Piratenschiff Sturmadler.

«Ahoi, ihr Heringe, was wollt ihr von mir?», zischte Kapitän Augenklappe der Dritte.

«Dürfen wir auf Ihr prächtiges Schiff?», fragte Felix.

«Du Landratte, was nennst du hier hässlich?! Sturmadler ist viel prachtvoller als der alte Kahn von diesem Verräter Schrubberbein.»

Felix blickte den Kapitän entsetzt an und wiederholte diesmal lauter: «Sturmadler ist ein prächtiges Schiff.»

«Aye, prächtig. Warum nicht gleich so, Junge. Ich lasse euch die Strickleiter runter, bindet euer Boot daran fest, dann kommt an Bord!»

«Maggie, ich glaube, ich weiß, was hier los ist. Kapitän Augenklappe der Dritte hört schlecht.»

«Das denke ich auch. Finden wir heraus, ob es stimmt.»

Die Strickleiter wackelte nicht so wie vermutet, und schnell standen die beiden vor dem Kapitän mit der Augenklappe.

«Ich bin Maggie, und das ist mein bester Freund Felix. Wir sind echte Abenteurer. Und wir können Ihnen mit Ihrem Freund Bill Gold helfen.»

«Arrgh, da gibt es nichts zu helfen», wehrte Eduardo ab.

Maggie kramte wieder in der Abenteuertasche. Nach kurzem Stöbern hielt sie drei Wattestäbchen in den Händen. Und übergab sie dem Kapitän.

«Was soll das sein?», wunderte sich Eduardo.

Maggie erklärte ihm, wie das fein bauschige Stäbchen zu benutzen war. Gebannt hörte der Seemann zu und verstand im zweiten Anlauf, was Maggie von ihm wollte.

«Aye, ich versuch´s.» Mit einem Mal machte es plopp in Eduardos Ohren, und er hörte. Er horchte. Vernahm das leise Geräusch des knarzenden Holzes. Das Klackern seiner Schuhe, als er aufgeregt über das Deck lief. Das sanfte Rauschen des Windes.

«Hören Sie uns jetzt?», erkundigte sich Maggie.

«Aye, klar und deutlich! Noch nie habe ich besser gehört. Bis jetzt wusste ich nicht mal, dass ich schlecht höre», lachte Kapitän Eduardo der Dritte.

«Dann können Sie sich mit Ihrem Freund Kapitän Schrubberbein versöhnen.» Und bevor Eduardo widersprechen konnte, winkte Maggie Bill Gold Schrubberbein heran.

Zögerlich ließ er das zweite Beiboot zu Wasser und ruderte ebenfalls hinüber.

«Meine geschätzten Herren, Kapitän Schrubberbein und Kapitän Augenklappe der Dritte, Sie können jetzt über Ihre Probleme sprechen», forderte Maggie die Piraten auf.

Bill Gold nickte den kleinen Abenteurern zu, fasste sich ein Herz und begann zu erzählen: «Aye, mein Freund, ich dachte, du wärst ein Geist, und dass du verschwunden bist. Aber die Kinder fanden heraus, dass meine Brille schmutzig war und ich deshalb schlecht gesehen habe.»

«Aye, so war das also. Und ich dachte, du sagst zu mir, dass ich ein Floh wäre, aber das lag wohl daran, dass ich schlecht höre. Aber dank der Abenteuerausrüstung, genannt Wattestäbchen, höre ich besser als nie zuvor.»

«Dann hatten wir beide ein Problem, ich hatte schlechte Augen und du schlechte Ohren!», stellte Kapitän Schrubberbein fest.

Die beiden Piraten lachten lauthals los.

«Danke, Maggie und Felix, dass ihr uns geholfen habt», rief Kapitän Bill Gold Schrubberbein.

«Endlich beginnt unsere Schatzsuche», frohlockte Kapitän Augenklappe der Dritte und entzündete die rote Laterne.

Maggie und Felix stiegen die Strickleiter wieder hinab in das Beiboot. Zum Abschied winkten die Kinder und sahen zu, wie das Schiff das Nebeltor durchfuhr.

Maggie rief den beiden nach: «Und beim nächsten

Mal erst darüber reden, dann lösen sich die Probleme fast von allein.»

«Machen wir», brummten die Kapitäne im Chor und verschwanden endgültig im dichten wabernden Nebelmeer. Nur der Schein des roten Lichtes war noch zu erkennen.

«Gute Reise!», riefen Maggie und Felix.

Alles war still. Das Meer. Das verlassene Piratenschiff, das ruhig vor Anker lag. So trieben die Abenteurer in ihrem Beiboot auf offener See. Und so plötzlich, wie beim letzten Abenteuer auf Schloss Geisterstunde, bildete sich wieder der Strudel aus Sternen und Funken und nahm die Kinder mit sich hinfort. Durchgewirbelt, aber glücklich landeten sie wieder auf dem Dachboden vor der Holztruhe.

Zurück im Bett und eingekuschelt in ihre Decken hatte Felix noch etwas auf dem Herzen: «Maggie? Kann ich dich was fragen?»

«Ja, sicher.»

«Hast du in der Schule zu Lilly gesagt, dass mein Pullover schön doof ist?»

«Aber nein, ich sagte, dein Pullover ist schön rot.»

«Dann hätte ich gar nicht sauer sein müssen, ich

hätte dich lieber gleich fragen sollen, ob ich das richtig gehört habe.»

«Das war ein Missverständnis. Sorgen und Probleme werden nur kleiner, wenn man darüber spricht», beteuerte Maggie verständnisvoll.

«Beim nächsten Mal frage ich dich gleich», erwiderte Felix und gähnte. «Gute Nacht, Maggie.»

«Gute Nacht, Felix, und träume von unserem nächsten Abenteuer», murmelte Maggie gähnend.

Und beide Abenteurer schliefen glücklich und zufrieden ein und träumten von Schätzen und Piraten.

Wissensrunde zu Kapitel 2

Lieber Abenteurer, liebe Abenteurerin,
jetzt bist du dran:

Felix hat leider vergessen, wie das Schiff von Kapitän Bill Gold Schrubberbein hieß. Kannst du ihm helfen, sich zu erinnern?

•••

Welcher Gegenstand aus der Abenteuertasche hat Kapitän Bill Gold Schrubberbein geholfen, wieder besser zu sehen?

•••

Wie heißt das Schiff von Kapitän Eduardo Augenklappe der Dritte?

•••

Maggie wäre gerne eine echte Piratin.
Bist du auch ein Pirat oder eine Piratin?
Welchen Schatz möchtest du finden?

•••

Hast du schon mal ein Piratenschiff gemalt? Dann male doch eines für Maggie.

Kapitel 4

Steckbrief Felix

Hier erfährst du etwas über Felix. Was ist sein Lieblingsessen und welche Hobbys hat er?

Vorname: Felix

Nachname: Flink

Alter: fast 8 Jahre alt.

Lieblingstier: Katzen, Hunde und Chamäleons. Ein eigenes Haustier hat Felix aber leider nicht.

Lieblingsfarbe: blau

Lieblingsbücher: Ritter- und Piratengeschichten

Lieblingsessen: Salamipizza, Nudeln,
Schokolade und Plätzchen

Wenn Felix groß ist, wird er: Astronaut,
Hubschrauberpilot oder Fußballer

Das mag er überhaupt nicht: Rosenkohl

Felix Lieblingsbeschäftigungen: lesen, auf
den Spielplatz und in die Bücherei gehen.
Detektiv spielen, Fußball und Übernachtungs-
partys bei Maggie.

Kapitel 5

Gespenster-schluckauf

Filmabend im Hause Mutig.

«Ich liebe Pizza!», schwärmte Felix. «Am liebsten mit Salami.»

«Und Schinken», ergänzte Maggie. «Aber jetzt wartet erst mal der Teig auf uns.» Maggies Hände steckten in der Teigschüssel und kneteten den Pizzateig. «Klebt ziemlich. Kannst du mir bitte noch etwas Mehl reinschütten?»

«Klar doch.» Felix schüttete vorsichtig das Pizzamehl in die Schüssel.

«Danke, reicht.» Maggie formte eine Kugel. «Der Teig muss noch aufgehen, in einer Stunde machen wir weiter. Ich stelle den Küchenwecker.»

Die Zeit verging im Fluge, bis die Eieruhr schellte: Ring, ring, ring.

Den Teig aus der Schüssel unterteilte Maggie in zwei Hälften, die sie jeweils zu einer Kugel formte.

Mit dem Nudelholz rollte Felix den Teig aus, sodass er zwei Pizzen ergab. Die Pizzabäcker verteilten gleichmäßig die Tomatensoße mit dem Esslöffel, streuten den geriebenen Käse darüber und jetzt fehlte nur noch der richtige Belag.

«Danke, dass Mama Mutig extra Salami für mich gekauft hat», freute sich Felix.

Maggie rupfte die Schinkenscheiben in Stücke und belegte ihre Pizza damit. «Mama, wir sind fertig! Schiebst du unsere Pizzen in den Ofen?»

«Na klar, ihr zwei», antwortete Mama Mutig. «Ihr könnt spielen gehen, ich rufe euch, wenn die Pizza fertig ist.»

«Danke, Mama, aber wir spielen nicht, wir bereiten uns auf ein Abenteuer vor.» Wie zum Beweis hielt sie ihr Buch – Leben auf der Ritterburg – in die Höhe.

«Natürlich, Schatz», entschuldigte sich Mama Mutig mit einem Lächeln.

«Wir gehen ins Wohnzimmer und schauen uns mein Ritterburgenbuch an, bis das Abendessen fertig ist», informierte Maggie ihre Mama.

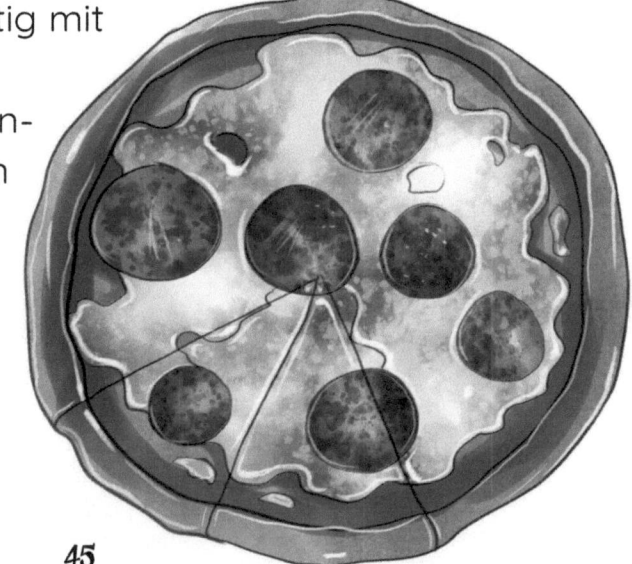

«Für den nächsten Besuch auf einem Schloss müssen Felix und ich bestens vorbereitet sein.»

«Ist ein Schulausflug geplant?»

«Ähm, nein, nicht direkt. Aber falls doch, kennen wir uns aus», versuchte Maggie sich rauszureden.

Vertieft in ihr Buch, saßen die Kids im Schneidersitz vor dem Sofa.

«Die Küche einer Burg befand sich im unteren Teil. So wie die Vorratskammern», erzählte Maggie.

«Bist du sicher?»

«So was von. Das steht auf Seite 46 im Kapitel 2 Aufbau einer Ritterburg.» Maggie zeigte Felix die entsprechende Stelle im Buch.

Ring, ring, ring schellte die Eieruhr.

Blitzschnell sprangen sie auf und stürmten in die Küche.

«Huch, ihr seid aber schnell», lobte Mama Mutig. «Ich schneide euch die Pizzen mit dem Pizzaroller in Stücke.»

«Dürfen wir auf dem Sofa essen? Ausnahmsweise, denn sonst dauert es noch ewig, bis wir mit dem Film anfangen können», fragte Maggie ihre Mama mit riesengroßen Rehaugen.

Gespielt überlegte Mama Mutig länger, als es nötig gewesen wäre. «Na gut, ausnahmsweise», stimmte sie zu.

«Juchhu! Danke, Mama.»

Maggie und Felix machten es sich mit ihren Pizzen diesmal auf dem Sofa gemütlich. Ihr Film Der Geisterritter, eine witzige Familienkomödie, zog die beiden ganz in seinen Bann. Bis plötzlich ein «Hicks» den Geisterfilm unterbrach.

«Hicks, ach menno, hicks», jammerte Felix.

«Oje, du hast Schluckauf. Versuch mal die Luft anzuhalten», schlug Maggie vor.

«Okay, hicks, ich versuch`s, hicks.» Felix hielt die Luft wie beim Tauchen unter Wasser an.

Beide warteten, ob die Hickserei ein Ende hatte, bis der nächste «Hicks» erklang.

«Hicks, hicks, hicks.»

«Trink mal was. Trinken hilft auch immer», war Maggies nächster Einfall.

Felix griff nach seinem Wasserglas und trank es auf einmal aus. Doch darauf ertönte wieder ein: «Hicks.»

«Vielleicht geht der Schluckauf weg, wenn du nicht daran denkst. Konzentriere dich richtig auf den Film.»

«Okay», antwortete er knapp, dann folgte wieder «Hicks, hicks, hicks».

«Hmmm, Felix, ich glaube, mit dem Film wird's wohl nix mehr. Wir schauen den Rest einfach beim nächsten Mal.»

«*Hicks, hicks, hicks*», antwortete Felix.

In der Zwischenzeit brachte auch das Zähneputzen und den Schlafanzug anziehen nichts.

Da hatte Maggie eine Idee. «Felix, Felix, die Holztruhe auf dem Dachboden ist verschwunden. Wir erleben keine geheimnisvollen Abenteuer mehr!»

Felix starrte sie an. Sprachlos. Schluckauflos. «Wie weg? Keine Abenteuer mehr?»

«Na also, hat doch funktioniert.»

«Was hat funktioniert?», fragte Felix entgeistert.

«Na, dein Schluckauf.»

«Was ist mit dem?»

«Na, der ist weg!»

Darüber dachte Felix nach. «Stimmt, du hast recht. Und was ist mit der Truhe?»

«Die steht unversehrt auf dem Dachboden.»

«Zum Glück. Das war ein super Trick von dir, Maggie!»

«Danke. Heute ist Vollmond, und es wird Zeit, dass wir schlafen. Die Truhe wird sich sicher wieder öffnen.»

«Bestimmt. Ich bin sooo müde», antwortete Felix gähnend.

Die beiden schliefen friedlich, ja, bis ein lautes Hicks sie aus ihrem Traum weckte.

«Huch, Felix, ist dein Schluckauf zurück?»

«Wie? Ähm, ich war das nicht.»

Dann ertönten die wohlbekannten Geräusche: Knack. Rums. Quietsch.

«Es ist so weit! Das nächste Abenteuer wartet auf uns!», verkündete Maggie.

«Juhuuu! Ich bin bereit.», bekräftigte Felix. «Hast du die Abenteuertasche gepackt?»

«Na klar. Dieses Mal habe ich für unsere Abenteuerausrüstung Folgendes eingepackt: Pfefferminzblätter, Luftballons, eine Sofortbildkamera, Zitronenbonbons, Pflaster und eine leere Flasche.»

«Pfefferminzblätter? Willst du unterwegs Tee trinken?»

«Du weißt doch, ich will auf jeden Notfall vorbereitet sein. Und bevor du wegen der Kamera fragst, die dient dazu, Hinweise zu fotografieren. Wir haben über die mysteriöse Holztruhe bisher noch nichts herausgefunden. Vielleicht finden wir etwas Spannendes.»

«Genial, Maggie.»

Maggie griff in die oberste Schublade ihres Nachttischs nach den zwei Taschenlampen. Eine davon reichte sie Felix.

Auf leisen Sohlen schlichen die Abenteurer aus dem Kinderzimmer, durch den dunklen Flur. Der

Schein der Taschenlampen zeigte ihnen den Weg. In zwei, drei großen Schritten standen die beiden vor der Dachbodentür. Maggie drückte die Klinke herunter und die Tür schwang auf. Die Lichtkegel der Lampen fanden schnell ihr Ziel. Die magische Holztruhe. Der Deckel stand offen. Maggie und Felix traten näher. Ein Stern sauste aus der Truhe. Und noch einer. Und weitere in rot, gelb, blau, lila, grün. Die Sternchen flogen wild umher, immer schneller, bis sich ein Strudel bildete. Das Taschenlampenlicht flackerte, aus, an, aus. Und schwupps, nahm der Sternen-Funken-Strudel die Kinder mit sich in die Holztruhe. Maggie und Felix drehten sich immer schneller. Sie schwebten durch zarte Wölkchen, vorbei am silbrig scheinenden Mond. Und die Abenteurer landeten in einem Karren mit Stroh.

«Huch, Felix, das war mal eine Landung.»

«Kannst du wohl sagen, aber weich zumindest.»

Die beiden kletterten aus dem Strohkarren, als Felix lauthals zu lachen begann. «Haha, hihi, wie schaust du denn aus?! Deine Locken sind voller Stroh!»

Neben Maggie stand ein voller Wassereimer, in dem sich das Mondlicht spiegelte. Sie blickte hinein, tastete ihre Haare ab und prustete los. «Haha, ich seh ja aus wie eine Vogelscheuche!»

Und Felix stimmte mit «Hihi» ein, als aus den dunklen Gemäuern um sie herum ein *«Buuuuhhhh, hicks, buuhhh, hicks, hicks, hicks»* die sonst so stille Nacht durchzog.

Die Freunde verstummten sofort und sahen sich um, wo die Truhe sie wieder hingeschickt hatte. Sie waren zurück auf Schloss Geisterstunde.

Eine weiße, durchscheinende Gestalt düste auf die Kinder zu. Abrupt hielt sie vor den beiden an. «*Hicks*, gut, *hicks*, dass ihr wieder da seid. *Hicks, hicks, hiiii-icksssssss*. Ich kann nicht mehr aufhören zu hicksen. Ich weiß gar nicht, was mit mir los ist», schluchzte der Geist.

«Hallo Geist, unsere Zaubertruhe hat uns wohl zu dir geschickt. Schön, dich zu sehen!», strahlte Maggie den Geist an.

«Von mir auch ein Hallo», winkte Felix dem Geist zu.

«Hallo meine Freunde, *hicks, hicks*», sprach er. «Mein *Buuhh* funktioniert prima, aber *hicks, hicks*, dieses Gehickse verdirbt mein schönes *Buuuuhhhh*.»

«Du hast Schluckauf», klärte Maggie den Geist auf. «Wir versuchen, dir zu helfen. Und du hilfst uns, auf Spurensuche zu gehen. Wir wollen mehr über die geheimnisvolle Truhe herausfinden.» Das Mädchen hielt dem Geist ihre Hand hin.

«*Hicks, hicks, hicks*, abgemacht.» Und der Geist schlug mit seiner durchsichtigen Hand in Maggies ein.

«Wunderbar.»

«Spitze», sagte Felix. «Mir fällt da was ein.» Er trat näher an Maggie heran und flüsterte in ihr Ohr: «Erschrecken wir ihn doch mit dem Luftballon aus deiner Tasche. Ich puste den auf ...»

«...und wir lassen ihn platzen», beendete Maggie den Satz. «Super Einfall, Felix.» Sie kramte in der Abenteuertasche und reichte Felix den Ballon.

Er schlich sich davon und versteckte sich hinter dem Brunnen im Schlosshof.

«Habt ihr, *hicks*, eine Idee, *hicks*?», fragte das Gespenst.

«Wir arbeiten daran», wich Maggie der Frage aus.

«Wo ist Felix hin?»

«Ach, der ... der sucht nach einer Lösung.»

In der Zwischenzeit hockte Felix bereits hinter dem Brunnen, holte tief Luft und pustete den Ballon auf. Dann lugte er unauffällig in Richtung Maggie und gab ihr das Zeichen.

Von alldem bekam der Geist nichts mit.

«Komm, wir suchen Felix», schlug Maggie vor. Sie spazierte mit ihrem gespenstischen Freund durch den Hof, als es plötzlich laut Knall, peng machte.

Obwohl sie wusste, was passieren würde, zuckte die Abenteurerin zusammen.

«Und? Hat es geklappt?», fragte Felix, als er hinter dem Brunnen hervortrat.

«*Hicks*, was, *hicks*, hat, *hicks*, geklappt?», fragte der Geist verdutzt.

«Ähm, wir wollten dich erschrecken», sagte Felix.

«Oh, *hicks*, hihi, *hicks*», kicherte er. «Einem Geist einen Schrecken einzujagen, ist schwierig, weil wir Geister ja die Meister des Erschreckens sind.»

«Stimmt», antwortete Maggie. «Kannst du uns in die Küche des Schlosses führen?»

«*Hicks, hicks*, warum?», fragte der Geist.

«Was hast du vor?», flüsterte Felix hinter dem Rücken vom Geist Maggie zu.

Ganz, ganz leise antwortete Maggie in Felix Ohr: «Ich greife zu einem Trick. In dem Wassereimer spiegelt sich doch das Mondlicht, und ich behaupte, das Wasser ist nun magisch. Also quasi durch die Kraft des Mondes aufgeladen. Mach einfach mit.»

«Fantastisch.»

«Hey ihr beiden, ich habe euch leider nicht verstanden», warf der Geist ein.

«Ach, nichts … warte mal ab, ich habe da vorne die wichtigste Zutat meines Tranks entdeckt», tat Maggie geheimnisvoll.

«Zutat?! Trank?!»

Maggie holte aus ihrer Abenteuertasche die leere Flasche und füllte aus dem Eimer das Wasser hinein, auf das der Mond schien.

Das Gespenst besah sie mit einem fragenden Blick.

«Das hier ist Mondscheinwasser», erklärte Maggie, ohne weiter darauf einzugehen. «Können wir losgehen?»

«*Buh, hicks,* in Ordnung, ich bringe euch zur Küche. Die Bewohner des Schlosses schlafen zwar, denn zur Geisterstunde traut sich niemand, durch die Gänge zu schleichen, doch man weiß ja nie. Deshalb muss ich euch mit dem Geisternebel einhüllen.»

«Für was ist der Geisternebel gut? Und wie werden wir eingehüllt?», fragte Felix.

«*Hicks,* ganz einfach, *hicks,* ich schwebe durch euch hindurch. Dann wird euch niemand entdecken, falls es doch jemand wagen sollte, in der Spukstunde unterwegs zu sein. Sicher ist sicher, denn den Kerker kann ich euch nicht empfehlen. Feuchtes Gemäuer, zugig und kalt.»

«Danke, wir nehmen gerne den Unsichtbarkeitsnebel», bestätigte Maggie für sich und Felix.

Der stimmte nickend zu.

Mit einem Hui, Buuuuhhh, Hicks fuhr der Geist durch die beiden hindurch.

Maggie und Felix waren in feinen Nebel gehüllt.

«Brrr, ist es kälter geworden?», bibberte Felix.

«Ja, denn Geister haben keine Körpertemperatur von 37 Grad mehr.»

«Das macht Sinn», befand Maggie. «Hauptsache, wir bleiben unentdeckt.»

«Folgt mir, *hicks.*»

«Machen wir», bestätigten die Kinder und eilten dem Geist hinterher.

Der Geist schwebte quer durch den Schlosshof, vorbei an den Pferdeställen und direkt auf eine Holztür neben einen Wachturm zu. Er glitt direkt durch die Tür hindurch. Als er sich umblickte, waren die Kinder nicht mehr hinter ihm. Da schwirrte er wieder hinaus. «Wo bleibt ihr?»

«Die Tür ist abgeschlossen», antwortete Maggie.

«Oh, ach so, ja, *hicks*, das hatte ich vergessen. Das haben wir gleich.» Der Geist flog auf das Schlüsselloch zu, wurde kleiner und kleiner und immer dünner, bis er ins Schloss passte. Er fror Rädchen, Bolzen und Schrauben ein, sodass das Türschloss knackte und die Tür aufschwang. «Bitte eintreten, *hicks*», grinste der Geist.

«Wow, was du alles kannst», stellte Maggie bewundernd fest.

«Kommt jetzt, die Geisterstunde dauert nicht mehr lange, hicks.»

Der Geist schwebte voran, die beiden Abenteurer folgten ihm. Ihr Weg führte sie zunächst eine Steintreppe nach oben. Der Flur war stockduster, da schnippte der Geist und die Fackeln in den Halterungen, die entlang der Wände angebracht waren, entzündeten sich. Die Flammen leuchteten gespenstisch blau. Das blau flackernde Licht zauberte tanzende Schatten auf Wände und Boden. Weiter ging es den Korridor entlang, der gesäumt war von den Gemälden der Burgherren, Bannerfahnen, Wandteppichen und ausgestellten Ritterrüstungen. Die Kinder kamen aus dem Staunen nicht mehr raus.

«Unglaublich, das Mitternachtsschloss sieht aus wie die Burgen in den Büchern», freute sich Felix.

«Trödelt nicht, *hicks!*» Der Geist bog links um die Ecke, dann führte eine Wendeltreppe wieder nach unten. «Hier geht es zur Vorratskammer und daneben ist die Küche», erklärte der Geist den Abenteurern.

«Hörst du, Felix? Mein Ritterburgenbuch hatte recht. Die Burgküche ist tatsächlich unten», strahlte Maggie.

«Stimmt, sobald wir zu Hause sind, lese ich das noch mal nach», antwortete Felix kleinlaut.

«So, wir sind da», sprach das Gespenst und zeigte auf die offene Tür vor ihnen.

Die Mitternachtsschlossküche war so, wie man sich die Küche in einer Burg vorstellte. Hier war es mollig warm. Ein Feuer prasselte, große Töpfe standen aufgestapelt da, Pfannen hingen an der Wand, Berge von Geschirr wurden in den offenen Schränken verstaut.

«Was wollen wir nun in der Küche? *Hicks, hicks*», wollte der Geist jetzt endlich wissen. «Wie werde ich den Schluckauf endlich los, *hicks*?»

«Ich braue dir einen Schluckaufwegmachtrank. Das Rezept ist schon uralt, vielleicht noch älter, als du es bist.» Maggie zog aus ihrer Abenteuertasche die Flasche mit dem Mondscheinwasser. Felix zwinkerte ihr verschwörerisch zu.

Felix vertraute seiner Freundin, daher flunkerte er ein bisschen und sagte: «Dieser Schluckaufwegmachtrank hat mir schon oft geholfen.»

«*Hick, hicks,* aber ich kann doch gar nichts mehr trinken. Ich bin ein Geist, hast du das vergessen?»

«Das macht nichts. Der Schluckaufwegmachsaft fließt durch deine Geistergestalt hindurch und saugt den Schluckauf auf. Selbst wenn der Saft am Ende auf den Boden tropfen wird», erklärte Maggie. Die Abenteurerin hängte einen kleinen gusseisernen

Topf über die Feuerstelle. Dann schüttete sie das Mondscheinwasser hinein. «So, das Wasser muss jetzt zum Kochen gebracht werden.» Dann zog sie aus der Tasche den Pfefferminzblätterbeutel. «Also, Geist, das hier ist das magische Kraut. Im Mondscheinwasser kann es seine Kräfte entfalten.»

«*Hicks*, ich hoffe, hicks, dein Trank ist, hicks, bald fertig, *hicks*.»

Das Wasser begann zu blubbern, der Siedepunkt war erreicht. Maggie schüttete die Wunderblätter in den Topf. Der aromatische Geruch der Minze breitete sich aus. «Das Gebräu muss noch etwas ziehen, dann ist es fertig.»

Wie gebannt starrte das Gespenst auf den Trank.

«So, fertig.» Maggie erspähte in einem der Schränke einen Tonbecher. Mit einem Schöpflöffel füllte sie den Schluckaufwegmachtrank in den Becher. «Sei vorsichtig, der Becher ist heiß.»

«Das macht mir nichts aus, *hicks*. Ich lasse den Trank zu mir herüber schweben.» Und die Mitternachtsgestalt schnippte, sodass der Becher sich von Maggie zu ihm durch die Luft bewegte. Wie von Geisterhand kippte der Tonbecher um und der Trank ergoss sich Tropfen für Tropfen in seinen Mund.

Maggie und Felix verfolgten, wie sich die Flüssigkeit ihren Weg vom Mund, durch das durchscheinende Gewand bis hin zum Boden suchte. Gespannt beobachteten sie ihren Geisterfreund.

Das Gespenst betrachtete die Pfütze auf dem Steinboden. Dann drehte es sich, so schnell, dass noch einzelne Tropfen durch die Küche spritzten.

«Ist dein Schluckauf weg?», erkundigte sich Felix.

Es überlegte noch kurz, bevor es antwortete: «Euer Wundertrunk hat geholfen!», freute sich der Geist. «Kein Hicks mehr! Juhu, buhuu!»

«Super!», jubelte Maggie. «Weißt du, was? Ich habe einen Namen für dich.»

«Einen Namen? Ich hatte lange keinen Namen mehr. Und an meinen eigenen Namen kann ich mich nicht mehr erinnern.»

«Was hältst du von Higgs. Higgs, das Gespenst.»

«Higgs? Finde ich großartig!»

«Mir gefällt Higgs auch», kam von Felix.

«Higgs, zeigst du uns noch etwas von der Burg?», fragte Maggie.

«Sehr gerne, meine Freunde. Ihr habt mir schon zum zweiten Mal aus einer schwierigen Lage geholfen. Ich zeige euch mein Zimmer.»

«Du hast ein eigenes Zimmer? Ein Geisterzimmer?», wunderte sich Felix.

«Na klar, irgendwo muss ich ja die Zeit bis zur Geisterstunde verbringen», lachte Higgs und schwebte los.

Doch bevor Maggie ihm folgte, schoss sie noch ein Foto mit ihrer Kamera. Das Blitzlicht leuchtete hell auf, dann folgte ein Summen, und oben aus der schlitzartigen Öffnung schob sich ein noch leeres Foto. Maggie schüttelte es, nach und nach wurde das Bild klarer, und die Küche kam darauf zum Vorschein. Maggie steckte beides zurück in die Abenteuertasche.

«Was machst du?», fragte Felix.

«Na, die Fotos für unsere Spurensuche.»

«Gut, dass du daran denkst. Hatte ich vor lauter Aufregung vergessen.»

Dann schlossen sie zu Higgs auf, der sie drängte: «Kommt schnell, bald läutet die Uhr das Ende der Spukstunde ein.»

«Sind schon da», sagten die Kinder.

Der Weg führte sie die Treppe hoch, in den Gang mit den Ritterrüstungen bis hin zu einem Wandteppich. Higgs schwebte hindurch.

«Warte, wir können doch nicht durch Wände gehen», rief Maggie ihm nach.

«Freunde, schiebt den Teppich zur Seite, dahinter ist ein Geheimgang.»

«Von Geheimgängen habe ich gelesen», sagte Felix.

Und tatsächlich befand sich dahinter ein Gang, der bereits von blau flackernden Flammen erhellt wurde. Der versteckte Korridor schlängelte sich wie ein Labyrinth durch das Mitternachtsschloss. Je weiter sie vorankamen, desto mehr Spinnweben hingen in den Ecken.

Der Geist bemerkte die Blicke der Kinder. «Die Schlossbewohner trauen sich nicht so tief in diese Gänge, aus Angst vor Geistern.»

«Deshalb überall die Netze und der Staub», antwortete Maggie.

«Die letzte Tür auf der linken Seite führt in mein Zimmer. Sie ist nicht abgeschlossen. Ihr könnt gleich reingehen.»

Im Geisterzimmer selbst lag zentimeterdick eine Staubschicht. Es hatte ein Fenster, durch das der Mond schien. Und in einer Ecke stand eine Truhe. Sonst befand sich nichts in dem Raum.

«Hier ist nur eine Kiste?», stellte Felix enttäuscht fest.

«Das ist nicht nur eine Kiste», lachte das Gespenst. «Macht sie doch mal auf.»

Maggie öffnete den Deckel. «Higgs, das ist ja unglaublich!»

Jetzt stand auch Felix dicht bei Maggie. «Wow!»

«Das ist eine Spielzeugtruhe!», rief Maggie.

Und nicht irgendeine. Die Kinder blickten nicht einfach in eine gewöhnliche Truhe. Nein, in der Kiste befand sich ein ganzes Kinderzimmer. Darin stand ein Himmelbett mit Stofftieren darauf. Ein Regal mit Büchern. Ein Schaukelpferd. Bälle zum Jonglieren. Und Bauklötze, um hohe Türme zu bauen.

«Wie ist das möglich?», wollte Felix wissen.

«Auch meine Spielzeugkiste ist magisch. Sobald ich hineinfliege, schrumpfe ich. Dort verbringe ich meine Zeit, bis ich wieder spuken darf.»

«Unglaublich!», erwiderte Felix.

Maggie sah gedankenverloren in die Truhe. Bis ihr ein kleines Detail auffiel. «Sag mal, Higgs, was hängt da bei dir an der Wand?»

Higgs flog hinein. Er deutete auf das winzige Bild.

«Genau, das meine ich.»

Das Gespenst nahm es ab und flog aus seiner Truhe. Als er die Kiste verließ, vergrößerte sich das Bild augenblicklich. Aber es war nicht nur ein Bild, es war ein Foto in einem Glasrahmen. Das passte so überhaupt nicht in ein mittelalterliches Schloss. Higgs gab es Maggie.

«Wahnsinn!!! Felix, schau mal! Auf dem Foto, der Junge neben Higgs. Das ist mein Urgroßvater Willi!»

«Das gibt es doch nicht», wunderte sich Felix.

«Der Willi war mein Freund. Als kleiner Junge hat er mich oft besucht. Bis er eines Tages nicht mehr kam. Ich denke, er hat den Glauben an Magie verloren. Deshalb konnte er nicht mehr mit der magischen Holztruhe auf dem Dachboden reisen.»

«Darf ich mir das Bild ausleihen?», fragte Maggie.

«Ausleihen? Was ist, wenn du nicht wiederkommst?»

«Das wird nicht passieren. Und wir können ein Foto von uns dreien machen. Ich habe eine Kamera dabei. Das Bild kommt sofort heraus.»

«Eine Fotografie von uns dreien wäre spuktastisch», jubelte Higgs.

Das Abenteurer-Geister-Trio rückte zusammen, und Maggie schoss das Foto. Klick, summ und das Foto kam heraus. «Noch kurz warten.»

Und da erschien, auch fast durch Geisterhand, das Trio auf dem Bild.

«Fabelhaft, Maggie, danke. Jetzt habe ich euch immer bei mir.» Higgs reichte Maggie das gerahmte Bild mit Ihrem Uropa. «Ich hoffe, du findest die Antworten, die du suchst.»

«Danke, mein Freund.»

Kleine Sternchen und Funken in allen Farben des Regenbogens fegten durch die Luft.

«Maggie, es ist so weit», rief Felix.

Der Sternen-Funken-Strudel erfasste die Abenteurer, und bevor sie ganz verschwanden, rief Maggie dem Gespenst Higgs zu: «Bis bald, auf Wiedersehen!»

«Macht's gut, meine Freunde!»

Die Kinder wirbelten umher und ließen Schloss Geisterstunde hinter sich, bis gar nichts mehr zu sehen war. Sie drehten sich im Kreis, immer schneller, die Sterne flogen kreuz und quer. Mit einem Rumms landeten die beiden vor der Holztruhe auf dem Dachboden.

«Mann, das war wieder ein Abenteuer», schwärmte Felix.

«Oh ja, und wie, hicks. Hicks, hicks, hicks. Oh nein, hicks, jetzt hab ich auch noch Schluckauf», jammerte Maggie.

Möglichst leise schlichen die beiden Abenteurer zurück ins Kinderzimmer. Nur ab und an war ein «Hicks» zu vernehmen.

«Ich bin so, hicks, müde, hicks», gähnte Maggie.

«Du, Maggie, hast du schon für die Mathearbeit am Montag gelernt?»

«Mathearbeit? Am Montag?! Warum hast du nicht früher was gesagt!»

«Hab ich nicht?», grinste Felix.

«Nein. Lernen wir morgen zusammen?»

«Nein, müssen wir nicht», antwortete Felix verschmitzt. «Ich habe mich geirrt, am Montag findet doch keine Mathearbeit statt.»

«Wie? Warum nicht?» Maggie verstand nichts mehr.

«Ich habe dich reingelegt. Und es hat funktioniert. Dein Schluckauf ist weg!»

«Haha, hihi», Maggie musste sich vor Lachen den Bauch halten. «Danke dir, aber jetzt ab ins Bett. Sonst schlafe ich noch im Stehen ein.»

Eingekuschelt in ihre Decken schliefen die beiden friedlich ein und träumten von ihren Abenteuern.

Wissensrunde zu Kapitel 5

Lieber Abenteurer, liebe Abenteurerin,
jetzt bist du dran:

Felix wollte sich das Rezept für den Schluckaufwegmachsaft aufschreiben. Weißt du noch, aus
welchen Zutaten Maggie den Trank gebraut hat?

....

....

....

Was machst du gegen Schluckauf? Maggie und
Felix würden sich über deine Ideen freuen.

....

....

....

Kapitel 6

Die Hexe im Wald

31. Oktober: Halloweenparty, ähm, Pyjamaparty im Hause Mutig

«Der wabernde Nebel hüllte das Hexenhaus ein. Als die Tür aufsprang, flog die Hexen auf ihrem Besen wie ein Wirbelsturm heraus», las Maggie mit düsterer Stimme aus ihrem neuen Gruselbuch vor.

«Hör auf», bat Felix. «Hexen gruseln mich. Da denke ich immer an Hänsel und Gretel.»

«Ach Felix, es ist Halloween. Da soll es ja unheimlich sein. Und ich habe extra mit dem Buch gewartet, damit wir es gemeinsam lesen.»

«Ja, schon. Aber keine Hexen», beschloss Felix. «Sonst schlaf ich später gar nicht.»

«Vielleicht ist es ja eine gute Hexe», gab Maggie zu bedenken. «Man darf nicht nur auf ihr Äußeres schauen.»

«Gute Hexen gibt es nicht», schmollte Felix.

«Na gut, ich leg das Buch schon weg», antwortete Maggie lachend.

«Maggie, gib mir mal das Bild von deinem Uropa und Higgs. Neulich hatte ich da so eine Idee. In dem Buch - *Die sieben Detektive lösen jeden Fall* – wurde ein Hinweis in einem Bilderrahmen versteckt. Möglicherweise finden wir eine Spur.»

«Super Einfall, Felix.» Maggie eilte zu ihrem Bücherregal, griff in das oberste Fach hinter die dicken Wälzer, und zog das Bild hervor. Die Rahmenklammern samt Rückwand waren schnell gelöst. Die Schwarz-Weiß-Fotografie segelte zu Boden. Maggie untersuchte das Bild, drehte es, wendete es. Nichts. Mit den Fingern strich sie über den Rand der Rahmenrückwand, der sich holprig und rau anfühlte, als wäre dieser im Nachhinein nochmals verklebt worden. «Felix, ich glaub, ich habe etwas gefunden. Hol mir bitte die Schere aus meinem Mäppchen auf dem Schreibtisch.»

Felix reichte sie ihr. «Was ist es?», fragte er gespannt.

«Warte.» Maggie schob die Schere in den winzigen Spalt, der nur bei genauester Betrachtung auffiel, hinein. Nach ein bisschen Ruckeln und Ziehen lösten sich die Klebestellen des Randes. «So, jetzt gleich habe ich es, es ist … Das gibt es doch nicht!»

«Maggie, ich raufe mir gleich vor Spannung die Haare.»

«Es ist ein Brief. Der war wirklich gut versteckt.»

«Das kann man wohl sagen. Und, was steht drin?», drängte Felix.

«Hm, ich weiß nicht genau, das Geschriebene ergibt keinen Sinn.»

«Zeig mal. Da steht:

rebeiL reuetnebA,
nnew ud sad reih tsel,
tsib ud med sinmieheG nie kcütS rehän.»

«Felix, stopp! Das verstehe ich nicht!»

«Ich auch nicht. Und in dem Brief steht noch viel mehr.»

«Hm …», überlegte Maggie. «Scheint eine Art Geheimsprache zu sein. Haben deine Helden aus deinen Detektivbüchern auch hierfür eine Lösung?»

Felix grübelte, bis er sagte: «Hast du einen Handspiegel?»

«Klar.» Maggie flitzte ins Badezimmer und zurück. «Hier hast du einen.»

«Danke.» Felix hielt den Spiegel an die Schrift und jubelte: «Ha, das ist Spiegelschrift! Jetzt ist alles deutlich zu lesen:

Lieber Abenteurer,

wenn du das hier liest,
bist du dem Geheimnis ein Stück näher.
Diese Zeilen habe ich, wie du bereits
bemerkt hast, in Spiegelschrift geschrieben.
Nur echte Abenteurer sind in der Lage, die
Buchstaben zu entschlüsseln und ihre Rei-
henfolge zu ändern.
Den nächsten Hinweis findest du in der
Knochenbeintruhe ohne Schloss. Nur das
Licht der Nachtsonne vermag das Geheim-
nis, das die Truhe verbirgt, zu offenbaren.

Bis bald.
Willi»

«Mensch, Felix, noch eine Truhe?! Unsere Holztruhe ist schon das reinste Rätsel. Und jetzt noch
ein Rätsel?»

«Das werden wir auch herausfinden», gähnte Felix.
«Aber nicht jetzt. Wir müssen uns ausruhen. Die
Nacht wird kurz in dieser Vollmondnacht.»

Müde schlüpften die Kinder in ihre Pyjamas und legten sich schlafen. Der runde volle Mond stieg höher und höher am Himmelszelt, bis er um Schlag Mitternacht in seiner Pracht erstrahlte. Bis dahin schlummerten die Kinder friedlich. Ja, bis, ein hi, hi, hi die Nachtruhe durchbrach. Es war so ein Lachen, das meist von magischen Geschöpfen auf Besen ausging.

«Maggie! Bist du wach?» Felix schüttelte seine Freundin an der Schulter.

«Bin ich», flüsterte Maggie.

«Du hast das auch gehört, oder?!»

«Ja, hab ich.»

Die Turmglocke im Ort schlug zur Geisterstunde: Bim, bam, bim, bam. Noch bevor die Glocke zum zwölften Schlag ausholte, waren Maggie und Felix aus ihrem Nachtlager gesprungen.

Zu Schlag zwölf ertönten die wohlbekannten Geräusche: Knack. Rums. Quietsch.

«Es geht wieder los», jubelte Felix.

«Auf ins nächste Abenteuer», freute sich Maggie. Sie griff in die oberste Schublade ihres Nachttisches und reichte Felix eine der zwei Taschenlampen.

«Was für eine Ausrüstung steht uns dieses Mal zur Verfügung?», fragte Felix.

«In die Abenteuertasche habe ich gepackt: Blasenpflaster, eine LED-Kerze, Nähgarn, Bonbons und Kekse.»

«Blasenpflaster? LED-Kerze? Ich gespannt, wie wir das einsetzen werden.»

Auf leisen Sohlen schlichen die Abenteurer aus dem Kinderzimmer, durch den dunklen Flur, die Treppe zum Speicher hinauf. Maggie drückte die Türklinke der Dachbodentür herunter und die Tür schwang auf. Das Licht der Taschenlampen flackerte. An. Aus. An. Aus. Beim letzten Aus standen die beiden vor der Holztruhe. Der Deckel sprang auf. Das Sternen- und Funkenfeuerwerk erhellte den Raum. Immer weiter und heller und bunter in grün, rot, blau, gelb formte sich ein Strudel, der die Kinder mit sich in die Kiste nahm.

Sie wirbelten am silbrig scheinenden Vollmond vorbei, streiften einzelne Schleierwolken, die das Mondlicht verdunkelten. Die Kinder fielen an belaubten Bäumen vorbei und landeten auf ihren Allerwertesten.

«Autsch! Die Landung war schon mal sanfter», beschwerte sich Felix.

«Allerdings!» Maggie hievte sich auf die Beine und versuchte, sich in der neuen Umgebung erst mal zu orientieren. «Felix, die Holztruhe hat uns in einen Wald geführt.»

«Und auch noch in einen sehr dunklen!»

Zur Bestätigung flatterte eine Fledermaus an den beiden vorbei.

«Ahhh, eine Fledermaus?!», bibberte Felix.

«Na, hoffentlich wird aus der Flattermaus kein Blutsauger. Schließlich ist heute Halloween. In dieser Nacht verschwimmen die Grenzen zwischen dem Reich der Lebenden und dem Geisterreich.»

«Hör auf, mich gruselt`s doch gleich immer!»

«Keine Sorge, Felix, ich beschütze dich», antwortete Maggie lächelnd.

«Aber was sollen wir nur hier?»

«Jemand wird unsere Hilfe brauchen.»

Da fiel das helle Mondlicht durch das Blätterdach. Und Maggie bemerkte die weißen Kieselsteine, die vom Silberlicht leuchteten. Links und rechts säumten sie den Waldpfad.

«Folgen wir den Steinen, vielleicht finden wir einen Hinweis», schlug Maggie vor.

«Du, Maggie, ist das wirklich eine gute Idee? Mir fällt spontan so ein Märchen ein. Das mit den zwei

Kindern, die im Wald sind und mit den Steinen den Weg nach Hause finden wollen.»

«Ja, das erinnert mich auch an Hänsel und Gretel. Aber eine andere Wahl, als diesen Pfad zu nehmen, haben wir nicht.»

«Stimmt schon. Dann lass uns gehen.»

Die Kinder liefen immer tiefer in den dunklen Wald. Hier und da war ein Uhuuu zu hören. Ab und an raschelte es in den Gebüschen. Bis sie an einer Abbiegung ankamen.

«Schau, da vorn, da steht ein Wegweiser», sagte Felix.

Der Zahn der Zeit hatte an dem Wegweiser genagt. Dennoch war die Schrift lesbar.

«Zur Waldhexe?! Auf gar keinen Fall!», rief Felix.

«Die andere Richtung ist auch nicht viel besser. Willst du etwa in den noch finsteren Wald?»

«Nein, das auch nicht.»

«Der Kieselsteinpfad führt in die Richtung der Waldhexe. Ich denke, wir haben keine andere Wahl.»

Darüber dachte Felix kurz nach. «Wahrscheinlich nicht. Der Weg in den noch finsteren Wald sieht wirklich nicht sehr einladend aus. Düster, knorrige Äste, und ist das dort hinten Nebel?»

«Und dagegen der gutbeleuchtete Hexenpfad. Also los, statten wir der Hexe einen Besuch ab.»

Die Steine warfen wirklich eine Menge Licht ab. So betrachteten die beiden die Bäume, die in den schönsten Herbstfarben erstrahlten. Als sie um die Biegung kamen, war es zu sehen. Ein winziges Haus, mit runden Fenstern, einem windschiefen Kamin und einem Backofen an der Außenseite aus roten Steinen. Dazu gehörte ein wunderschöner Garten, in dem unzählige Kürbisse wuchsen, deren Ranken den Boden überwucherten. Eingezäunt wurde dieser von einem Gartenzaun, der aus verschiedenen Baumhölzern zusammengeschustert sein musste. An dem Gartentürchen hing ein goldenes Glöckchen mit einer Schnur daran.

«Meinst du, Felix, ich soll läuten?»

Unsicher nickte er.

Maggie zog an der Schnur. Die Glocke gab ein überraschendes Geräusch von sich. Statt eines Bingens quakte die Klingel wie ein Frosch. *Quak, quak.*

Aus dem Inneren des Hexenhäuschens trällerte eine zuckersüße Stimme: «Bin gleich da.» Mit Schwung sprang die Haustür auf, und die Hexe trat heraus. Eine zierliche junge Frau, die ein smaragdgrünes Kleid trug, näherte sich dem Gartentor. Ihr langes Haar, das zu einem Zopf geflochten war, wippte bei jedem ihrer Schritte auf und ab. «Na, wer seid ihr denn?»

«Ich bin Maggie, und das ist mein bester Freund Felix.»

«Hallo ihr zwei», grüßte sie freundlich. «Ich bin Hildakin.»

Ein köstlicher Geruch, der aus dem Fenster des Hauses strömte, erreichte die Nasen der Kinder.

«Was duftet hier so?», fragte Felix.

«Ein Topf meiner legendären Kürbissuppe köchelt über dem Feuer. Habt ihr Hunger? Es gibt bald Essen, ich warte noch auf meinen Gast.» Einladend wies sie auf ihr Haus. «Kommt bitte herein, es würde mich freuen.»

«Ähm, so hungrig sind wir nicht», wehrte Maggie ab.

«Schade, ich dachte, eure Bäuche hätten gegrummelt.»

Betreten sahen die Kinder zu Boden.

«Was ist los? Kann ich euch helfen?»

«Ähm», setzte Maggie erneut an. «Hildakin, kennst du das Märchen von Hänsel und Gretel?»

Da dämmerte es der Zauberin. «Ihr habt Angst, dass ich euch essen möchte! Und nicht meine Suppe. Stimmt`s?!»

Zustimmendes Nicken.

«Ich kenne die Geschichten dieser zwei Märchenonkels. Knusperhexe und so. Ihr braucht euch nicht zu sorgen. Ich bin eine Waldhexe. Schaut, nirgends sind Lebkuchen und Pfeffernüsse zu sehen. Und außerdem bin ich Vegetarierin, möchte ich klarstellen. Ich liebe Obst und Gemüse.»

Erleichtert atmeten die Kinder auf.

«Habt ihr jetzt Hunger? Mein Freund Jack wird bald hier sein.»

«Sehr gerne, Hildakin», antwortete Maggie.

Die drei betraten das Hexenhaus. Klein, aber fein würde es gut beschreiben. Der gusseiserne Holzherd gab eine mollige Wärme ab, in einer Ecke stand das Bett mit einem bestickten Kissen darauf, von der Decke hingen Kräuter, und der Tisch in der Mitte war bereits eingedeckt. Aus den zwei Schälchen wurden plötzlich vier, und der Brotkorb füllte sich. Zwei weitere Löffel schwebten aus der Schublade auf den Tisch und Stühlchen eilten heran. Die gedrehte Kerze entzündete sich.

«Setzt euch bitte.»

Auf den mit Schnitzereien verzierten Holzstühlen nahmen die Kinder Platz. Hildakin setzte sich dazu.

«Erzählt doch mal, Kinder, was macht ihr hier in diesem Wald?», fragte Hildakin.

«Meinem Uropa Willi gehörte eine magische Holztruhe. Ungeöffnet stand die Truhe bei mir zu Hause auf dem Dachboden. Bis eines Nachts. Es war eine

Vollmondnacht. Da öffnete sie sich zur Geister-stunde und ein Strudel nahm uns mit hinein. Seit-dem sind wir Abenteurer. Die Zaubertruhe schickt uns dorthin, wo unsere Hilfe gebraucht wird.» Maggie erzählte ausführlich ihre Geschichte, man traf schließlich nicht jeden Tag eine Zauberin. Und die kannten sich nachweislich mit Magie aus.

Gebannt hörte die Hexe zu. «Interessant. Eure Holztruhe ist ein sehr seltenes magisches Relikt. Selbst in der Hexenwelt. Sie muss durch Zufall in den Besitz von Uropa Willi gelangt sein», schloss die Hexe. «Sehr alte Magie ist notwendig, um sie zu öffnen.»

«Wie ist das möglich, Maggie?», fragte Felix.

«Ich weiß es nicht. Die Truhe war immer im Fami-lienbesitz. Wo sie genau herstammt, weiß niemand mehr.»

«Eines weiß ich sicher, Maggie, wenn es an der Zeit ist, wirst du alles erfahren. So ist das immer in der Zauberwelt», ermunterte die Waldhexe das Mädchen.

«Danke, Hildakin.»

«Wann wollte denn eigentlich dein Besuch hier sein?», erkundigte sich Felix. «Mein Bauch knurrt bereits wie ein hungriger Wolf.»

«Du hast recht, wo bleibt er nur?» Hildakin sah auf

die Uhr. «Hoppla, er ist spät dran. Fliegen wir los, um ihn zu suchen.» Die Hexe sprang auf und eilte zu ihrem Besen Wuschel.

«Fliegen?», stutzte Felix.

«Ist der nicht zu klein für uns drei?», bemerkte Maggie.

Die Waldhexe wedelte mit ihrem Zauberstab und der Besenstiel wurde länger und länger. «Jetzt fehlen noch die Gurte. Ihr sollt ja nicht runterfallen. Sicherheit geht vor.»

Da staunten die beiden Abenteurer nicht schlecht.

Vor dem Haus stiegen Maggie und Felix auf den Besen. Die Gurte schlossen sich.

«Gut festhalten», rief die Hexe, und der Hexenbesen erhob sich in die Luft. Höher und höher stiegen sie auf und sausten los. Unter ihnen der Kürbisgarten und die Baumwipfel. Das Leuchten der Kieselsteine auf dem Waldpfad glich dem Glühen von Glühwürmchen.

Maggie rief: «Dort unten ist die Kreuzung.»

«Richtig, wir fliegen nun in den noch finsteren Wald», bestätigte Hildakin.

«Was?! Der Weg sah schon unheimlich aus. Jetzt fliegen wir auch noch rein?!», stotterte Felix.

«Da führt kein Weg vorbei. Der Dunkelwald gehört zur Route von Jack. Jack ist verflucht. Er ist dazu verdammt mit seiner Kürbislaterne durch die ewige Dunkelheit zu wandern. Nur in der Halloweennacht ist es ihm gestattet, eine Pause einzulegen. Daher treffen wir uns immer bei mir und essen die Kürbissuppe. Er liebt diese Suppe. Dafür nimmt er den weiten Weg auf sich, um zu mir zu kommen», berichtete Hildakin.

«Oh, das ist schrecklich», sagte Maggie.

«Das könnte man meinen, aber es gibt viele Lebewesen, die am liebsten bei Nacht herauskommen. So wie Fledermäuse, Igel und Eulen. Jack bereist die ganze Welt. Kinder, haltet die Augen offen, es wird schwer sein, ihn durch den dichten Nebel zu sehen.»

«Das Licht seiner Kürbislaterne dürfte helfen», stellte Felix fest.

«Guter Einfall», erwiderte Hildakin.

Doch weit und breit nichts. Jack war wie vom Erdboden verschluckt. Nicht einmal das Glimmen der Kerze der Kürbislaterne war zu erspähen.

«Was machen wir nur?», fragte Maggie.

Plötzlich vernahm das feine Gehör der Waldhexe ein Geheul. Sie beschleunigte den Besen.

«Was ist los?», schrie Maggie gegen den Flugwind an. «Hast du eine Spur?»

«Ich habe ein Jammern gehört. Gehen wir der Sache auf den Grund.»

«Ahhhhh!», drang es von der Waldlichtung vor ihnen.

«Ich habe es auch gehört», bestätigte Felix. «Gleich da vorn muss es sein!»

Das «Au» und das «Ahhhhh» wurden lauter.

Hildakin landete ihren Hexenbesen wie eine Meisterfliegerin am Boden. Die Sicherheitsgurte lösten sich. Die drei stiegen ab und sahen nichts. Nicht einmal die Hand vor Augen, denn der Nebel war wie eine dicke Suppe.

«Hildakin, wie sollen wir erkennen, wo wir hinlaufen?», verzweifelte Maggie.

«Das haben wir gleich», antwortete die Hexe. Sie schwang ihren Zauberstab und flüsterte unverständliche Worte, sodass der Stab hell strahlte.

«Viel besser», freute sich Felix.

«Au, aua.» Das Wimmern wurde lauter.

«Jack? Bist du das?», rief Hildakin.

«Aua! Ja, ich bin es! Gut, dass du mich gefunden

hast», antwortete ein alter Mann mit Bart und zerschlissener Kleidung. Lediglich die Schuhe waren ungewöhnlich sauber.

Maggie, Felix und die Waldhexe rannten zu ihm.

«Was ist los mit dir? Warum sitzt du hier im noch finsteren Wald an einen Baum gelehnt? Was ist mit deiner Laterne los?»

«Ach Hildakin, ich habe solche Schmerzen», schluchzte Jack und bemerkte, dass seine Hexenfreundin nicht allein war. «Au ... Wer sind die Kinder?»

«Das sind meine neuen Freunde Maggie und Felix. Sie sind Abenteurer.»

«Abenteurer, soso. Ja, je mehr Hilfe ich bekomme, desto besser ist es für mich», sagte Jack.

«Mein bester Freund Felix und ich helfen, wo wir können. Was tut Ihnen denn weh?», fragte Maggie mitfühlend.

«Aua! Ich kann keinen Schritt mehr gehen!», klagte Jack sein Leid.

«Sie Ärmster ...», antwortete Maggie. Da stupste Felix sie an.

«Maggie, schau doch mal. Fällt dir was an ihm auf?»

«Was meinst du?», grübelte sie.

«Jacks Klamotten sind alt. Und sehen aus, als würde er sie seit ein paar Jahrhunderten tragen, oder vielleicht sogar noch länger. Also alles bis auf ...»

Jetzt dämmerte es der Abenteurerin. «Die Turn-schuhe.»

Das Gespräch zwischen Jack und der Hexe ging währenddessen weiter.

«... vor lauter Leiden, Hildakin, ist mir meine Kürbis-laterne aus der Hand gefallen und die Flamme der Kerze erloschen! Und ohne Licht, das weißt du ja, ist es unmöglich, aus diesem Wald herauszufinden. Welch ein Unglück!», jammerte er weiter.

Betroffen besah die Waldhexe ihren Freund. «Oh, Jack.»

«Und wenn ich meinen Weg nicht fortsetze», fuhr er fort, «lädt sich meine Zauberkunst ebenfalls nicht auf.»

Felix räusperte sich, jetzt hatte er die Chance, wie die Helden aus seinen Detektivbüchern einen kniffeligen Fall zu lösen. Eine Spur hatte er bereits. «Jack, eine Frage, sind die Schuhe neu?»

Ein Lächeln stahl sich auf Jacks Gesicht. Sichtlich stolz, dass seine neuen Treter jemandem aufgefallen waren. «Ja, die habe ich zum ersten Mal an.»

«Das dachte ich mir», nickte Felix bestätigend. «Bitte ziehen Sie die Schuhe und Socken aus.»

Fragend blickte Jack die Kinder an.

«Gib dir einen Ruck, Jack», setzte sich Hildakin für die Abenteurer ein, ohne genau zu wissen, worum es ging. Aber ihr Gefühl riet ihr, den beiden zu vertrauen.

Jack nickte. «Also gut. Aua.» Unter Schmerzen zog er Socken und Turnschuhe aus.

Die Hexe trat mit ihrem leuchtenden Zauberstab näher heran, damit Jack besser sah.

«Was sehen Sie?», erkundigte sich Maggie.

«Ich weiß es nicht so genau ...»

Da rief Felix: «Jack, Sie haben Blasen an den Füßen! Und die verursachen die Schmerzen bei jedem Schritt.»

«Blasen?», wunderte sich Jack. «Woher hab ich die nur?»

«Die stammen von den neuen Turnschuhen. Manchmal passiert das, dass bei nicht eingelaufenen Schuhen Blasen entstehen», lieferte Maggie die Erklärung.

Bestürzt sagte Hildakin: «Oh, Jack, meine Magie wirkt bei dir nicht! Mit meinem Besen könnte ich dich herausfliegen, aber mit den Blasen und ohne Laterne kannst du nicht weiterziehen.»

«Hmmm ... zwei Probleme, wie jeder Meisterdetektiv lösen wir erst ein Problem vor dem nächsten», dachte Felix laut nach. «Jack, Hildakin, wir haben für die Laterne eine Lösung», verkündete er stolz. «Maggie, du weißt, was ich gerade denke?»

«Allerdings», zwinkerte sie ihrem Freund zu. «Felix und ich sind erfahrene Abenteurer, deshalb haben wir auf unseren Reisen mit der Holztruhe stets eine Abenteuerausrüstung dabei.» Das Mädchen zeigte auf ihre rote Abenteuertasche.

Sie kramte in der Tasche und förderte eine Kerze mit Plastikflamme zutage. Maggie drückte den An-Schalter. Und plötzlich flackerte das Plastikkerzen-licht auf. Hell und klar.

«Huch … ist das Zauberei? Bist du etwa eine Hexe?», wunderte sich Jack.

«Nein, bin ich nicht. Sie sind bereits der Zweite, der mich das fragt. Beim letzten Mal war es ein Piraten-kapitän, doch das ist eine andere Geschichte. Ich habe hier eine LED-Kerze mit Batterie für Sie. Auf der Unterseite befindet sich ein Ein- und Ausschalt-hebelchen. Keine Zauberei. Hier nehmen Sie vorü-bergehend die Kerze für Ihre Kürbislaterne.»

Der alte Mann stellte das Batterielicht in seine Leuchte. Sogleich strahlte sie ein gespenstisches Licht aus. «Danke, Maggie. Meine Laterne leuchtet zwar, aber weiterziehen kann ich trotzdem nicht.»

«Das haben wir gleich. Zu unserer Ausrüstung gehö-ren auch die Blasenpflaster», freute sich Maggie.

Hildakin und Jack standen die Fragenzeichen ins Gesicht geschrieben.

«Blasenpflaster? Das kenne ich nicht, was ist das?», fragte Hildakin nach.

Maggie griff kurz in ihre Tasche und zog sie heraus. «Das hier sind die Blasenpflaster», sagte sie und führte die Pflaster vor. «Plastikstreifen abziehen und einfach mit der Klebeseite nach oben auf die verwundeten Hautstellen kleben. Das Besondere an diesem Wundverband ist, dass die Blasenpflaster gepolstert sind. Der Schmerz ist sofort gelindert. Probieren Sie es aus.»

Jack beäugte den merkwürdigen Verband skeptisch.

Doch die Hexe lächelte ihm aufmunternd zu. «Versuch´s, Jack.»

Jack verarztete seine Füße und schlüpfte in seine Schuhe. Er lief umher. Mal schneller. Mal langsamer. «Die Blasenpflaster sind wahrlich magisch», freute er sich. «Danke euch kleinen Abenteurern, dass ihr auf Hildakin gestoßen seid, um mich dann gemeinsam zu retten.»

«Meine Lieben, die Nacht wird nicht jünger und Halloween dauert nicht ewig. Ich darf daran erinnern, dass die Kürbissuppe zu Hause noch vor sich hin köchelt», merkte die Waldhexe lachend an. Mit dem Zauberstab schaffte sie einen weiteren Platz auf dem Hexenbesen. Angeschnallt ging es für die vier zurück zum Hexenhaus. Nach kurzer Flugdauer saßen die Abenteurer zusammen mit der Hexe und Jack gemütlich am Esstisch.

«Endlich gibt es was zu essen», freuten sich Felix und sein Bauch.

Der Suppentopf schwebte sanft auf den Tisch. Die Suppenkelle flog heran und verteilte die lecker dampfende Kürbissuppe in den Schalen.

«So eine schöne Halloweenrunde mit so vielen Gästen hatte ich schon lange nicht mehr», frohlockte Hildakin.

«Die Suppe war unglaublich!», jubelten die Kinder. Als Felix den letzten Löffel verspeiste, schwirrten Sternchen und Funken durch die Luft.

«Es wird Zeit zu gehen», sagte Maggie. «Die Truhe holt uns zurück nach Hause.»

«Danke nochmals, Maggie und Felix», sprach Jack.

«Auf Wiedersehen und vergesst uns nicht», verabschiedete sich die Waldhexe.

Der Sternen-Funken-Strudel hob die Kinder in die Luft, und sie riefen zum Abschied: «Auf Wiedersehen.» Der Strudel drehte immer schneller, bis Maggie und Felix verschwunden waren und auf dem Dachboden im Hause Mutig landeten.

Zurück im Zimmer kuschelten die Abenteurer sich in ihre Decken.

«Du, Maggie?», setzte Felix an. «Wollen wir dein Gruselbuch noch lesen?»

«Jetzt?!», wunderte sich Maggie. «Ich bin so müde, mir fallen gleich beim Reden die Augen zu. Außerdem fandest du es doch gruselig.»

«Ja schon, aber vielleicht hattest du vorhin doch recht damit, dass die Hexe mit der Hakennase und der Warze im Gesicht doch eine gute Hexe sein könnte. Es gibt schließlich gute Hexen.»

«Machen wir morgen, jetzt schlafen wir», beschloss Maggie gähnend.

«In Ordnung, dann morgen, ich bin schon sehr gespannt», gähnte Felix zurück.

«Gute Nacht, Maggie.»

«Gute Nacht, Felix.»

Die beiden Abenteurer schliefen friedlich ein und träumten von Hexen, Besen und Magie.

Wissensrunde zu Kapitel 6

Lieber Abenteurer, liebe Abenteurerin,
jetzt bist du dran:

Felix überlegt, welche legendäre Suppe die Hexe
Hildakin gekocht hat. Weißt du noch, was es gab?

....

Was für eine Laterne hatte Jack dabei?

☐ War es eine Kartoffellaterne?
☐ War es eine Kürbislaterne?
☐ Oder eine Paprikalaterne?

In der Geschichte ging es um Hexen und Märchen.
Was ist dein Lieblingsmärchen?

....

....

....

....

Kapitel 7

Die Schatzsuche

Pyjamaparty im Hause Mutig.

«Mama hat diese Woche auf dem Dachboden aus-
gemistet und was wirklich Interessantes gefunden.»
Maggie legte eine spannungsgeladene Pause ein.
«Und ich betone, es war in der hintersten Ecken mit
einer dicken Staubschicht bedeckt und mit Spinnweben umhüllt.»

«Und was stand dort?» Felix hielt es beinahe nicht
mehr in seinem Schlaflager aus. Das mit dem Lager
war wortwörtlich zu nehmen. Die Kinder hatten
im Kinderzimmer ein Zelt aufgebaut und es mit
Kissen, Stofftieren und Decken ausgestattet. An
einem Haken am Zeltdach hing Maggies Lampe,
die Sterne an die Zeltwände warf.

«Ein alter Lederkoffer. In dem Koffer lagen ein
Buch und eine goldene Taschenuhr.»

«Maggie! Du machst es ja so spannend wie in

meinen Lieblingsgeschichten kurz, bevor die Rätsel gelöst werden!»

«Schon gut, schon gut», wehrte Maggie lachend ab. «Die Sachen gehörten Uropa Willi.»

«Wirklich?! Wow!», jubelte Felix begeistert.

«Allerdings, und bei dem Buch handelt es sich um Die Schatzinsel. Auf den ersten Blick nichts Ungewöhnliches. Doch wir wissen von dem letzten Hinweis ja, wie mein Uropa tickte. Einige Seiten sind beschmiert und verklebt, man könnte meinen, Willi sei nicht gut mit seinen Büchern umgegangen. Doch von ihm stehen noch andere in dem Bücherregal meiner Eltern. Und keines von denen hat auch nur eine umgeknickte Seite. Die sind fast wie neu.»

«Und warum sieht ausgerechnet das Piratenbuch so aus?», grübelte Felix.

«Das haben sich meine Eltern auch gefragt. Es wäre beinahe im Abfall gelandet. Aber ich war natürlich sehr überzeugend darin, dass ich es gerne hätte, weil es dem Uropa gehört hat.»

«Hast du Die Schatzinsel schon untersucht? Gibt es neue Hinweise?»

«Die gibt es. Als ich es genauer unter die Lupe genommen habe, ist mir aufgefallen, dass die ganze Kritzelei und die wahllos verklebten Buchseiten nur zur Ablenkung dienen.»

«Was hast du entdeckt?»

«Wie bei der Fotografie von Gespenst Higgs und dem jungen Willi war zwischen zwei Seiten ein Fetzen Papier versteckt. Der Schnipsel war vergilbt, an der abgerissenen Stelle etwas verkohlt und es war ein X markiert. Und Trommelwirbel, somit gehe ich davon aus, dass es sich bei dem Papierstück um einen abgerissenen Teil einer Schatzkarte handelt.»

«Einer Schatzkarte?! Wie zum Kuckuck ist das möglich?»

«Uropa Willi ist wie wir mit der geheimnisvollen Truhen in die verschiedenen Welten gereist. Vielleicht ist ihm der Schatzkartenteil so in die Hände gefallen.»

«Mensch, Maggie, vielleicht lösen wir endlich mal ein Rätsel. Der letzte Hinweis, der aus dem Bilderrahmen, passt doch gut zu dieser Schatzkarte. Willi erwähnte in seinem Brief die Knochenbeintruhe. Möglicherweise wurde die Piratenkiste an dem Ort versteckt, wo das X eingezeichnet ist. Irgendwie müssen wir an den Rest der Karte kommen.»

«Heute ist Vollmond, wer weiß, was die magische Holztruhe wieder mit uns vorhat», überlegte Maggie.

«War etwas Ungewöhnliches mit der Taschenuhr?», fragte Felix weiter nach.

«Scheint eine gewöhnliche Uhr zu sein. Auf der Deckelinnenseite war in feinster Gravur zu lesen: Von Papa für meinen kleinen Abenteurer Willi.»

«Sehr passend. Das Abenteurergen scheint in der Familie zu liegen.»

«Wer weiß ... Für meinen Papa und Opa hat sich die Truhe nicht geöffnet, aber für mich schon.»

«Lass uns jetzt lieber schlafen, bald ist Mitternacht», gähnte Felix.

«Hast recht», stimmte Maggie zu.

Die Kinder schliefen die nächsten Stunden friedlich, ja, bis die Turmglocke zum zwölften Mal schlug. Bim. Bam. Bim. Bam. Knack. Rums. Quietsch. Arrgh! Bim, bim, bim.

«Bin wach!» Maggie sprang beim letzten Bim auf und blieb mit dem Kopf an der Lampe hängen. «Aua», beschwerte sie sich.

«Ich auch.»

«Hast du das Arrgh gehört, Felix?»

«Aye», antwortete Felix. «Und du das Gebimmel?»

«Aye, hab ich. Denkst du das Gleiche wie ich?»

«Auf ins nächste Piratenabenteuer!», jubelte Felix.

«Arrgh und yo ho, Pirat Felix.» Aus der obersten Nachttischschublade zog Maggie die beiden Taschenlampen. Eine für sich und eine für Felix. Jetzt fehlte nur noch die Abenteuertasche.

«Welche Ausrüstung hast du diesmal eingepackt?»

«Ich habe in die Abenteuertasche gepackt: durchsichtiges Klebeband, Stifte, Müsliriegel und einen Taschenspiegel. Ach, und natürlich den Schnipsel von der Schatzkarte.»

«Hmmm, also ich würde mich besser fühlen, wenn wir die goldene Taschenuhr noch mitnehmen würden.»

«Meinst du wirklich?»

«Wir wollen doch auf jeden Notfall vorbereitet sein. Und bei der Uhr habe ich so ein Gefühl, dass sie wichtig sein könnte.»

«Aye, mein Freund. Ich vertraue auf dein Gefühl.» Maggie ließ die Taschenuhr in die Abenteuertasche rutschen.

Auf leisen Piratensohlen schlichen die beiden aus dem Kinderzimmer, durch den Flur und die Treppe zum Speicher hinauf. Der Lichtkegel der Taschenlampen führte sie sicher durch die Dunkelheit. Felix drückte die Türklinke und stupste die Tür auf. Und da stand die Truhe. Mutig traten Maggie und Felix näher. Das Licht der Taschenlampen flackerte. Aus.

An. Aus. Sternchen und Funken schossen aus der Truhe. Wie ein Feuerwerk in allen Farben. In gelb, blau, grün, pink, lila. Aus den Sternen und Funken formte sich der Strudel, der die Kinder mit sich in die Holztruhe nahm. Maggie und Felix schwirrten umher. Flogen am vollen Mond vorbei, durch die Wolken hindurch. Ein Geruch von Salz lag in der Luft. Unter ihnen das weite Meer.

«Felix, schau, da vorn! Die Nebelbank. Die Truhe führt uns direkt hinein», rief Maggie Felix gegen den Wind zu.

«Sieht aus wie das Nebelmeer. Dort sind die Kapitäne Bill Gold Schrubberbein und Eduardo Augenklappe der Dritte reingesegelt! Hoffentlich verfliegen wir uns nicht!»

«Bisher hat uns die Holztruhe immer an unser Ziel gebracht», machte Maggie ihrem Freund Mut.

Das Nebelmeer machte seinem Namen alle Ehre. Nichts als dichter Nebel. Weit und breit. Und Felsen, die plötzlich aus dem Meer ragten. Haifischzahnspitz warteten sie auf das nächste Schiff, das seinen Kurs nicht fand.

«Es geht wieder!», rief eine Stimme aus der Nebelsuppe.

«Arrr, wunderbar! Ich lichte den Anker!», antwortete eine andere Stimme.

Eine schwere Kette ratterte.

«Ich setze die Segel», rief wieder die erste Stimme.

«Da vorne ist jemand. Hast du das gehört, Felix?»

«Klar und deutlich. Ich kann was Rotes sehen.»

«Rotes Licht? Na klar, das muss die Nebelleuchte auf dem Piratenschiff Sturmadler sein!», dämmerte es Maggie.

Das rote Licht wurde klarer, und aus der Nebelbank tauchte der Bug von Sturmadler mitsamt seinem hölzernen Adler als Galionsfigur auf. Der mystische Wind setzte die beiden wohlbehütet auf dem Schiffsdeck ab. Dies entging auch dem gut hörenden Kapitän Eduardo, der Staubsauger, Augenklappe der Dritte, nicht.

«Da holt mich doch der Klabautermann. Die Landratten sind wieder da!», jubelte er.

«Arrrgh, meine Augen täuschen mich nicht mehr! Maggie und Felix sind wieder an Bord», freute sich Kapitän Bill Gold Schrubberbein.

«Ahoi, Kapitän Schrubberbein und Kapitän Augenklappe der Dritte», begrüßten die Kinder die Seebären.

«Warum stecken Sie noch immer im Nebelmeer fest? Sie müssten doch längst die Insel der verlorenen Schätze erreicht haben?», wunderte sich Maggie.

«Arr! Eigentlich schon, doch dann passierte das

Unvorstellbare», antwortete Bill Gold. «Ein gespenstischer Wind zog auf, sodass die Laterne vom Haken am Mast herunterstürzte. Das Laternentürchen sprang durch die Erschütterung auf dem Deck auf, und die Zauberflamme erlosch.»

«Das ist schrecklich», bedauerten die Kinder die Piraten.

«Aye, und ohne das Licht der roten Nebellaterne fingen unsere Probleme erst richtig an», schilderte Eduardo.«

Plötzlich blubberte die unheimliche See. Und aus dem Nichts schob sich der Bug eines Segelschiffes samt Galionsfigur aus dem Wasser. Die Segel löchrig, ein Mast gebrochen und am Heck ein klaffendes Loch. Das musste damals das Schiff zum Sinken gebracht haben. Der Geisterkapitän nahm direkt Kurs auf uns, und wir hörten, wie die Säbel rasselten.»

Felix` Zähne klapperten vor Entsetzen. «Ach du Schreck, ein waschechtes Geisterschiff!»

«Meine Herren Kapitäne, wie sind Sie entkommen?», wollte Maggie wissen.

«Kinder, ihr müsst wissen, das Nebelmeer ist durch und durch ein Ort der Magie, des Zauberhaften und der unerklärlichen Geschehnisse», erzählte Kapitän Schrubberbein weiter. «Der Zauber des Meeres lag in der Luft und lud sie auf. Schwarze Wolken zogen sich zusammen, Blitze zuckten und das Donnergrollen ließ die See erzittern. Als Nächstes traf ein einzelner Blitz unsere Nebellaterne, und die Flamme entzündete sich. Der magische rote Schein tauchte das Geisterschiff in ein gespenstisches Licht. Wie feine Nebelschwaden löste sich das Schiffswrack auf und verschwand.»

«Wir waren gerettet, und das Piratenglück stand auf unserer Seite, denn ohne die Zauberlaterne hättet ihr uns nicht mehr gefunden. Wahrscheinlich würden wir uns am Grund des Meeres mit den anderen Geisterpiraten anfreunden», beendete Kapitän Augenklappe der Dritte die Geschichte.

«Puh, das war spannend», gab Felix erleichtert von sich.

Bill Gold Schrubberbein drehte das Steuerrad und rief: «Arrgh, und laut Kompass verlassen wir in drei, zwei, eins das Nebelmeer.»

Sobald das Schiff Sturmadler die Nebelgrenze übersegelt hatte, erstreckte sich ein klarer Nachthimmel über ihnen.

«Da hatten Sie aber großes Piratenglück», beglückwünschte Felix die beiden.

Plötzlich rief Maggie aufgeregt: «Meine Herren, sehen Sie doch! Eine Insel!»

«Unverkennbar! Die Insel der verlorenen Schätze. Mit seinen weißen Sandstränden, den elfenbeinfarbenen Klippen, den Palmen und seiner dicht bewachsenen Pflanzenwelt», schwärmte Kapitän Schrubberbein.

Das Schiff Sturmadler lag im seichten Wasser vor Anker. Mit dem heruntergelassenen Beiboot ruderten die Piraten mit Maggie und Felix an Land. Das Boot banden sie mit einem Tau an eine Palme.

«Suchen wir den Schatz», jubelte Felix.

«Aye, meine kleinen Piraten. Bill Gold, mein Freund, zeig uns die Karte», forderte Eduardo seinen Kumpanen auf.

Doch der reagierte nicht.

«Bill Gold, hörst du jetzt auch schlecht?», fragte Eduardo nach.

«Arrr, meine Ohren sind in Ordnung. Ich weiß nicht, wie ich es sagen soll. Bei der Karte fehlt ein Stück.»

«Arrgh, Bill Gold, was sagst du da?! Die Karte … Die Karte ist unvollständig?! Ich glaub, ich hab mich wohl verhört! Wir nehmen die Gefahren des Nebelmeeres auf uns, wären beinahe von Geisterpiraten erwischt worden und für was? Für nix! Mach dich bereit, Bill Gold», tobte Eduardo Augenklappe der Dritte und zog seinen Säbel.

«Ich wollte es dir doch sagen», versuchte Bill Gold, sich mit Worten zu verteidigen.

«Maggie! Maggie, der Schnipsel aus Uropa Willis Buch! Vielleicht passt der ja», drängte Felix. «Mach schnell! Bevor auch Kapitän Schrubberbein zum Säbel greift.»

Mit flinken Fingern beförderte Maggie den Schnipsel aus der Abenteuertasche. «Meine Herren Kapitäne, zeigen Sie mir die Schatzkarte», forderte die Abenteurerin die Piraten auf.

Jedoch nahmen beide keine Notiz von ihr. «Du nennst mich einen Lügner?!», schrie nun Kapitän Schrubberbein und zog seinen Säbel.

«Aye, Kapitän Lügenbein», erwiderte Kapitän Eduardo Augenklappe der Dritte.

«Arrgh, na warte!»

«Hören Sie doch zu!», versuchte es Maggie erneut.

«Die hören einfach nicht zu», verzweifelte Felix.

Die Seeräuber umkreisten sich, hielten ihre Säbel gefährlich in die Richtung des anderen. Jeder bereit für den ersten Hieb.

«Stop! Aufhören!», schrie Maggie, so laut sie konnte.

Der schrille Ton des kleinen Mädchens verfehlte nicht seine Wirkung. Die streitenden Seebären zuckten zusammen.

«Arrgh! Unsere Ohren!», beschwerten sie sich.

«Habe ich jetzt Ihre Aufmerksamkeit?», bedachte Maggie die Piraten mit einem strengen Blick.

«Aye, Mädchen», antworteten die Seeräuber.

«Gut. Dann reichen Sie mir bitte die Karte, Kapitän Schrubberbein.»

Bill Gold reichte das zusammengerollte Pergament an Maggie.

Die übergab es Felix, woraufhin er sich in den Sand kniete und das Papier entrollte. Maggie zückte den Schnipsel und hielt ihn an die Karte. «Passt perfekt. Super kombiniert Felix.»

«Danke.»

«Bei den Meerjungfrauen», wunderte sich Bill Gold. «Arrr, die Schatzkarte, woher habt ihr das fehlende Stück?»

«Ich habe es versteckt in einem Buch gefunden, es gehörte meinen Uropa Willi.»

«Willi? Einen Willi traf ich vor langer Zeit in der Spelunke Zum golden Rumfass. Er spielte beim Seeräuber-Ärgere-Dich-Nicht um die Karte mit. Ein Uropa war das Bürschchen aber nicht, so um die Fünfzehn dürfte er gewesen sein. Er wollte die Schatzkarte sehen und hatte sie bereits in den Händen. Ich nahm ihm die Schatzkarte wieder ab. Dabei riss ein Stück ab. Ich starrte fassungslos auf meine Karte, und als ich aufblickte, war er verschwunden. Niemand hat diesen Kerl mehr gesehen. Und ich glaubte, der Rest der Karte wäre für immer verloren. Und jetzt kommst du mit dem Kartenschnipsel an. Ich befürchte, hier ist doch Zauberei im Spiel.»

«Zauberei?», wiederholte Maggie. «Ich verstehe bald nichts mehr. Felix, was ist hier nur los?»

«Ich weiß es nicht, Maggie.»

«Aye, zeigt mir auch mal die Karte», zischte Eduardo. Da fegte eine feine Brise den Schnipsel hoch in die Luft. In allerletzter Sekunde griff Felix danach.

«Arrr, Junge, gut gemacht. Das war knapp», lobte Bill Gold. «Was machen wir nur, wenn das wieder passiert? Die Kartenteile müssen zusammenbleiben, sonst finden wir den Schatz niemals.»

«Kapitän, warten Sie kurz», sagte Maggie und zog das durchsichtige Klebeband aus der Abenteuertasche heraus.

«Ah, gut, ich halte die Karte zusammen, dann kannst du das Band abrollen», schlug Felix vor. «Neben deinem Schuh liegt ein spitzer Stein, damit sollte es gehen, den Klebefilm zu durchtrennen.»

Nach wenigen Handgriffen waren Schnipsel und Schatzkarte wiedervereint.

«Arrr, ihr Landratten seid wirklich wahre Abenteurer. Immer eine Lösung parat», freute sich Kapitän Augenklappe der Dritte.

Die Kapitäne studierten gemeinsam die Karte.

«Auf geht`s, Piraten, lasst uns einen Schatz finden», jubelte Kapitän Schrubberbein.

Die Schatzexpedition machte sich in Richtung Schatztruhe auf. Vom Strand aus führte ihre Route durch einen dichten Dschungel. Hier setzten die Seeräuber ihre Säbel ein, butterweich schnitten die Klingen durch das Gestrüpp, und bahnten sich einen Weg durch Büsche und Sträucher.

Kapitän Schrubberbein führte die Gruppe an, wie Entchen ihrer Mama folgten Kapitän Augenklappe der Dritte und die Kinder ihm auf Schritt und Tritt. Doch plötzlich brüllte Bill Gold: «Halt!»

«Arrr, was ist los?», fragte Eduardo.

«Argh, vor uns liegt die Höhle der Dunkelheit. Laut Karte müssen wir dorthinein», erklärte der Kapitän den weiteren Weg.

«Die Höhle der Dunkelheit?! Was erwartet uns da drin?», fragte Felix.

«Finden wir es heraus!», schlug Maggie mutig vor.

«Aye, Mädchen, der Schatz wartet!», jubelte Kapitän Augenklappe der Dritte. «Bist du dabei, Felix?»

«Aye, Kapitän!», antwortete Felix mit all dem Mut, den er aufbringen konnte.

Der Höhleneingang wurde noch gut vom Mondlicht beleuchtet, doch je weiter sie vorankamen, desto finsterer wurde es. Einen Fuß vor den Nächsten. Mit den Händen tasteten sich die Abenteurer an der Wand entlang, als mit einem Mal einer nach dem anderen ins Leere trat.

«Hui», jubelten die Kinder.
«*Arrrrrrr*», schrien die Kapitäne.
Auf einer steinernen Rutsche rutschten die vier immer tiefer ins Erdinnere. Immer schneller, von einer Linkskurve in eine Rechtskurve. Mit Schwung wieder nach oben und rasant nach unten. Die Rutschpartie, die einer Achterbahn gleichkam, schien quer durch die Insel zu führen. Bis die wilde Fahrt vor einem azurblauen unterirdischen See endete. Das malerische Gewässer lag tief unten in einem erloschenen Vulkan. Lava gab es hier keine mehr. Kleinste Wassertropfen hatten sich im Laufe der Zeit gesammelt und erschufen den Vulkansee.
Felix kam aus dem Staunen nicht mehr heraus. «Boah! Wow!»
«Unglaublich! Seht doch, das Mondlicht! Durch den Krater scheint es herein und färbt das Wasser silbern», bestaunte Maggie das Farbenspiel.
«Aye, wir sind dem Schatz ganz nah. Auf der Karte ist der Silbersee eingezeichnet», bestätigte Kapitän Bill Gold. «Aber jetzt wird die Suche kniffelig. Haltet

nach einem Stein Ausschau mit einer Mond-Rune darauf.»

Jeder Fels und jeder noch so kleine Gesteinsbrocken rund um den Mondscheinsee wurde untersucht.

«Arrgh, Bill Gold, da ist nichts», verzweifelte Eduardo.

«Aye, Kapitän, vielleicht ist die Rune woanders. Hmmm … vielleicht nicht am Boden», überlegte Maggie laut, «vielleicht weiter oben.» Und da entdeckte Maggie eine runde, weißsilberne Steinplatte, die farblich nicht zum Rest des Gesteins passte. «Ich hab sie! Hier an der Felswand. Kommt, schnell!» Maggie fuhr mit der Hand über die Mondform im Stein.

Auf einmal ertönte ein Ticken. Die vier Schatzsucher erstarrten. Die Quelle des melodischen Geräusches entstammte der Abenteuertasche. Tick, tick, tick, tick.

«Maggie, das ist die Taschenuhr von Uropa Willi», rief Felix aufgeregt.

«Ich bin schon dabei», erwiderte Maggie und beförderte die Uhr aus der Tasche. *Tick, tick, tick.* Sie klappte den Deckel auf.

In diesem Moment spiegelte sich der Schein des Mondes in der blank polierten Uhr wider und warf einen Lichtstrahl auf den Mondscheinsee. Plötzlich bebte der Boden. Lose Steinchen tanzten auf und ab. Maggie, Felix und die Piraten hatten Mühe, nicht umzufallen.

«Arrr, was passiert hier?!», schrie Kapitän Eduardo Augenklappe der Dritte.

Durch die Erschütterungen durchzogen Wellen den geheimen See. Langsam durchbrachen Steinsäulen die Wasseroberfläche. Erst eine am Ufer, dann noch eine Säule und noch eine weitere. Wie eine steinerne Treppe bauten sich die Pfeiler auf. Auf der letzten Steinsäule reflektierte etwas den grellen Lichtschein des Mondes.

Maggie erkannte das Etwas auf der Säule als Erste und rief: «Felix! Dort oben, ich glaub es nicht. Die glänzende Kiste ... das ist bestimmt die Knochenbeintruhe!»

«Arrgh, die Truhe! Sie ist aus reinstem Gold!», jauchzte Kapitän Schrubberbein.

Kapitän Augenklappe der Dritte und Felix starrten die Schatztruhe mit offenen Mündern an.

«Wahnsinn», mehr brachte Felix nicht heraus.

So unerwartet das Beben kam, so endete es auch. Es war wie in den Abenteuerbüchern – die Maggie und Felix so gerne lasen – wenn die Helden in der Zauberhöhle endlich den Schatz entdeckten.

Maggie machte einen Satz auf die erste Säule und sprang zielstrebig zur nächsten. Die restliche Schatzexpedition tat es ihr gleich, bis die vier das Podest erreichten, auf dem die Truhe stand.

«Arrr, die Schatztruhe ist verschlossen, aber ich sehe kein Schloss», stellte Kapitän Augenklappe der Dritte fest.

«Aye, einen Schlüssel hätte ich eh nicht», antwortete Kapitän Bill Gold.

«Und jetzt?», fragte Felix.

«Hmmm, seht mal, anstelle des Schlosses ist auch hier ein Mondsymbol», sagte Maggie und strich mit den Fingern darüber. «Mir fallen gerade die Worte aus Uropa Willis Brief ein: Nur das Licht der Nachtsonne vermag das Geheimnis der Knochenbeintruhe zu offenbaren», zitierte sie und grübelte über den Sinn des Satzes nach. «Na klar, das ist es!»

«Was meinst du?», wollten Felix und die Piraten wissen.

Da holte Maggie wieder einen Teil ihrer Ausrüstung aus der Tasche. «Ich versuche, mit dem Taschenspiegel das Mondlicht auf das Mondsymbol des Schlosses zu lenken wie bei der Rune im Fels. Da hat es auch geklappt.»

Staunend beobachteten die Seeräuber und Felix den Verlauf des Strahls hin zum Mondsymbol auf der Truhe. Ein Riegelmechanismus setzte sich in Bewegung.

«Aye, Mädchen, du hast die Ehre, die Schatztruhe zu öffnen», sagte Kapitän Schrubberbein anerkennend.

«Danke, Kapitän.» Unter Knarzen schob Maggie die Truhe auf. Vier Dinge befanden sich in der Knochenbeintruhe. Einer davon war ein Brief, auf dem in schönster Schrift ein Name geschrieben stand.

Für Maggie.

«Das ist unmöglich», wunderte sich Maggie.

«Unmöglich oder nicht, mach ihn auf», drängte Felix vor Neugier.

«Aye, Mädchen», bekräftigten sie die Kapitäne.

Maggie nickte. Vorsichtig öffnete sie den Umschlag und zog das Schriftstück heraus. Mit zittrigen Händen hielt sie den Brief.

Felix eilte seiner besten Freundin zur Hilfe und nahm

sie in den Arm. «Maggie, wir sind Freunde und sind zusammen mutig. Ich bin bei dir. Du schaffst das.»

Bestärkt durch ihren Freund las Maggie den Brief vor:

«*Liebe Maggie,*

die vielen Abenteuer haben dich genau hier an diesen Ort geführt.

Vorab möchte ich mich auch bei deinem Freund Felix bedanken. So einen Freund zu haben, ist das größte Geschenk. Und natürlich danke ich den Piraten Schrubberbein und Augenklappe dem Dritten, die dich begleitet haben.

Daher habe ich für die drei eine Belohnung vorgesehen. Der goldene Kompass ist für Felix. Und die Goldmünzen für die Kapitäne.

Bestimmt fragt ihr euch, wie all das möglich sein kann. Es ist mit einem Wort so einfach, wie auch kompliziert zu beschreiben: Das Wort lautet Magie.

Du hast richtig gelesen.

Maggie, meine Nachfahrin, du bist kein gewöhnliches Mädchen. Du bist eine Hexe. Mein Brief ist nicht die Lösung all der Rätsel über dich oder die geheimnisvolle Truhe vom Dachboden, sondern der Beginn deiner Reise ins Abenteuer.

Die magische Holztruhe ist seit Generationen im Familienbesitz. Jedoch offenbart sie ihr Geheimnis nur den Hexen und Zauberern in der Familie.

Sei stolz auf das, was du bist. Mutige Maggie.

Dein Willi.»

«Maggie?» Felix´ beste Freundin starrte schweigend den Brief an. «Ist bei dir alles in Ordnung?»

«Ich glaube schon. Jetzt ergibt das auch einen Sinn, dass Papa und Opa die Truhe nicht aufbekamen. Sie sind keine Zauberer. Und ich bin eine Hexe. Irgendwie ist das schon cool», sagte sie selbstbewusst. «Freunde, nehmt eure Belohnungen.»

Willis Nachricht steckte sie in die Abenteuertasche.

«Aye, Maggie und Felix, das war eine unglaubliche Schatzsuche», jubelte Kapitän Schrubberbein.

«Aye, dem stimme ich zu. Die Goldmünze bekommt einen Ehrenplatz in meiner Sammlung», bekräftigte Kapitän Augenklappe der Dritte.

Aus heiterem Himmel stoben Funken und Sterne in allen Farben durch die Luft. Die Sternchen schwirrten schnell umher und formten einen Strudel. Der Sternen-Funken-Strudel erfasste die Kinder und die Piraten. Wirbelnd wurden die vier aus dem versiegten Vulkan getragen. Immer höher flogen sie über den Dschungel hinweg zum Strand. Vorsichtig setzte der Zauberstrudel die Piraten ab.

«Arrr, danke fürs Mitnehmen», verabschiedete sich Kapitän Bill Gold Schrubberbein.

«Aye, bis zum nächsten Abenteuer, ihr zwei», rief Kapitän Eduardo Augenklappe der Dritte.

Maggie und Felix winkten und riefen zum Abschied: «Auf Wiedersehen!» Dann verschwanden sie mit dem Sternen-Funken- Strudel und landeten zu Hause auf dem Dachboden.

Zurück im Kinderzimmer hatten es sich die beiden Abenteurer in ihrem Schlaflager gemütlich gemacht. Der Brief ihres Uropas lag neben Maggies Kopfkissen.

«Was für ein Abenteuer», sagte Felix.

«Das kannst du laut sagen», antwortete Maggie.

«Was glaubst du, bedeutet das, dass du eine Hexe bist?», fragte Felix nachdenklich.

«Keine Ahnung ... ich ... ich weiß doch nichts über Zauberei. Außer das aus den Büchern und Filmen. Ich habe weder einen Zauberstab noch ein Hexenbuch oder einen magischen Begleiter.»

«Oder gehst auf eine Hexenschule», ergänzte Felix.

«Ob es Hexenschulen gibt?»

«Na ja, wenn es Hexen und Zauberer gibt, wäre das doch denkbar», sagte Felix. «Die magische Holztruhe gibt es ja auch», fügte er noch hinzu.

«Stimmt, aber heute finden wir keine weiteren Geheimnisse mehr heraus», sagte Maggie gähnend.

«Gute Nacht, Maggie.»

«Gute Nacht, Felix.»

Da schliefen die beiden friedlich ein und träumten von Piratenschätzen und Hexen.

Wissensrunde zu Kapitel 7

Lieber Abenteurer, liebe Abenteurerin,
jetzt bist du dran:

Weißt du noch, was Maggie in dem
alten Koffer entdeckt hat?

....

....

Bei welchem Spiel hatte Kapitän Bill Gold Schrubberbein die Schatzkarte gewonnen?

....

....

War es beim: Seeräuber-Ärgere-Dich-Nicht oder
beim Kartenspiel?

....

Nicole Elara Herbst, geboren im Sommer 1985 in Würzburg, lebt heute mit ihrem Mann, ihrem Sohn und zwei Katzendamen in einem Haus mit großem Garten auf dem Land. Bücher und Geschichten liebte sie bereits von klein auf.

Doch daran, selbst Texte zu schreiben, war noch nicht zu denken. Nach dem Schulabschluss lag ihr Fokus auf dem Schreiben von Zahlen anstatt von Buchstaben. Sie absolvierte eine Ausbildung zur Steuerfachangestellten und bildete sich danach zur Bilanzbuchhalterin weiter.

Die Jahre vergingen und als ihr kleiner Sonnenschein das Licht der Welt erblickte, erfüllte sie sich ihren Traum: eigene Geschichten schreiben.